戸建から始める家賃収入1億への道

小さく始めて大きく育てる！

関東大家の交流会主宰
バランス大家

プラチナ出版

はじめに

「どうもみなさん、こんにちは!! バランス大家です! みなさーん! バランスとれてますか――!!」でお馴染みのバランス大家です。

私は1979年生まれの44歳です。神奈川県の鎌倉市に在住していましたが、2023年、横須賀へ引っ越しました。

妻と長男長女、次男。それに猫4匹と犬を2023年に飼い始めましたので10人家族です。趣味は旅行・ホテルステイ・ゴルフ・グルメ・お酒です。あとは人と話すこと。

趣味の旅行関連の保有ステータスは、マリオット・アンバサダーエリート会員で、2023年は120泊していました。他にもヒルトン、ダイヤモンド会員、IHGプラチナエリート会員、JALグローバルクラブ会員、ANAダイヤモンド会員などを保有しています。

私は不動産投資家ですが、神奈川県横須賀市で宅建業も営んでいます。不動産業界歴21年、不動産投資歴10年で、所有物件は戸建・アパート・マンションで55棟190室、その他テナント、コインパーキング、トランクルームを所有しています。家賃年収は1億5000万円です。

併せて、「関東大家の交流会」という不動産投資家の無料コミュニティを主宰しており、2024年6月現在、2200人の仲間がいます。ほかに有料サロン「BOS」「BOB」もありまして、こちらは180人が参加されています。

まず、私のことをご存じない方、「なんでバランス大家なの？」と思われた方に向けて、バランス大家の由来を説明させていただきます（興味のない人は先に読み進んでください）。

これは私の兄弟の通称が由来となっています。私は5人兄弟の2番目です。兄とは2歳違いで、下の弟3人は7歳下の年子です。家族仲はとても良く、たびたび家族イベントを企画して、私が兄と弟の調整をしていました。

あるとき、『ファンタスティック・フォー』という映画を見て、うちの4番目の弟はファンタスティックなタイプということで、「ファンタスティック・フォー」。3番目が当時は少し太っていたので、「ファットマン・スリー」。兄は空手やボクシングをやっていたので「バイオレンス・ワン」、5番目の弟は定職にも就かずフラフラしている不思議なタイプで、「ミステリアス・ファイブ」。そして私が調整役だから「バランサー・ツー」とあだ名をつけました。そこから由来しています。

それからもう一つ、由来があります。

私の投資のポートフォリオを見ると、居住用物件だけではなくてテナントがあったり、コインパーキングがあったりとバランスがいいのです。

2019年10月、初めて大家の会に入ったときに、X（旧・ツイッター）で発信する練習をしてみようとほかの方の投稿をみたときに、「○○大家」と名乗っている方が多いので、私はそこで「バランス大家」と名乗ったのです。

聞けば、「なんだ……」というエピソードではありますが、よくバランス大家の由来を聞かれるので、書かせていただきました。

さて、自己紹介はこれくらいにして本題に入りましょう。

「物価高で生活が苦しいです」
「会社の先行きが不安で転職したいけど、よい条件で転職ができそうにありません」
「子どもの教育費がまだかかるのに、両親の介護もそろそろ始まりそうです」
「年金受給年齢も引き上げられ、老後は一体どうなってしまうのでしょう」

不動産投資家の皆さんであれば、ご存じでしょうが、これらの悩みを解決してくれるのが不動産投資です。自分が働くのではなく、貸家やアパート・マンションが家賃を稼ぎ、毎月安定的な収入をもたらしてくれます。

もちろん投資には絶対はなく、成功者も失敗者もいますが、正しいやり方で行えば、間違いなく、あなたの人生をより良くしてくれるものです。

本書は、そんな不動産投資の魅力をすでに理解しており、「よし！　これから不動産投資を始めよう」と考えている方に向けて執筆しています。

ところで、ある程度まで勉強を進めて、いよいよ「物件を購入するぞ！」と実際に動き始めたら、いきなり壁にぶつかっていませんか？

「融資が厳しくて、高年収でないと受けられません！」
「そもそも物件が高すぎて、買える気がしないです」

そんなことありませんか？

「フルローンでマンションを5棟買って1年後には華麗にＦＩＲＥ、それって誰にでもできることなんですか？」
「激安でボロ戸建を手に入れてＤＩＹで激安再生って、素人には難易度高すぎじゃないですか？」

こんな声も聞こえてきます。

私は不動産投資家ですが、プロの宅建業者でもあります。そのプロから言わせてもらいますと、たしかに〝誰でもカンタンにできること〟ではありません。

今の市況からいえば、中古物件が高いですし、融資の出やすい新築は建築費の高騰にくわえて、建設会社の倒産も続いており、大変リスクが高い投資になっています。

また、いくら融資を受けられても、それなりに自己資金が必要です。5000万円のアパートで「頭金を1割り出してください」と言われたら、頭金と諸費用だけで1000万円です。

この頭金1割は、現状ではそこまで悪い条件ではありません。高年収の方であればフルローンのチャンスもありますが、物件価格の1割程度の諸費用は必要ですから、2億円のマンションなら、「2000万円出してください」となります。

このような実情をお伝えすると、最初から〝できない人だらけ〟でしょう。

「じゃあ、この本のタイトルって、無理ゲーじゃないですか？」

と言われてしまいそうです。

戸建投資から家賃収入を1億円にする——決して、無理ではありません!!

私が行っている不動産投資手法は、土地値の高すぎる首都圏の一等地、または人が住まないような過疎地ではできませんが、基本的に全国どこでもできるものです。

〝小さく初めて大きく育てる！〟という考え方で、特徴としては戸建投資を現金ではなくて、融資を使って買い進めます。

「多額の自己資金がなくてもいいのですか？」
「年収1000万円どころか、500万円もないのですがいいのですか？」

大丈夫です。本書に向いているのは、次のような人です。

・大きな投資は怖い人
・スピードを持って融資をひける属性ではない人

自己資金は最低限300万円程度、できたら500万円。根気はいりますが100万円から始めることもできます。年収はいくらでも構いません。現金を貯めることができるのであれば、働いていなくてもできます。

ただし、時間が必要です。私自身、1億円達成まで足かけ10年かかっています。そのうち6年間はのらりくらりとやっていて、後半の4年間で一気に駆け上がりました。

読者の皆さんの目安でいえば、5年で1000万円、7年で3000万円、10年で1億円です。このように時間がかかる投資ですので、とにかく早く始めることが大切なのです。

本書を手に取った皆さんはおそらく初心者でしょう。よくお読みいただき納得できるようであれば、とにかく早めにスタートしてください。

また、自分一人だけでなくメンター・仲間を見つけて、学びながら進めていくことを強くオススメします。それが成功への近道です。

第2章 バランス大家流不動産投資 実践編 仕入れ

第3章 バランス大家流不動産投資 実践編 融資

第4章
バランス大家流 不動産投資 実践編 賃貸付

第5章 戸建投資から一棟投資へ

第6章

成功への実践法則　幸せの掴み方

装丁・本文デザイン・DTP／井関ななえ

序章

二代目
不動産会社の次男、
30歳で強制独立

不動産会社の次男坊、大学中退後に世界へ旅立つ

私は一代で実需（マイホーム）向けの不動産会社を築いた創業経営者の次男として誕生しました。

父は会社を30億円企業まで成長させると同時に、これまでに倒産した会社の原因を研究、「親族間での争いが会社の衰退を招く……」という結論にいたりました。

そこで「すべてを長男に継がせる」という、いわゆる、家督相続を断行することを創業期から決めており、私の幼少期には、「お前は私の会社にいさせない。お兄ちゃんが継ぐんだ。ただ、サラリーマンではなく経営者になりなさい。そして不動産屋さんになりなさい」と刷り込まれてきました。

とはいえ独立起業をする将来を目指して、たくましく自立心旺盛に育ったのかといえばそんなことはなく、幼いころの私は2歳上の兄の後ろにくっついてばかり。いつ

もおっかなびっくりで、一人でどこかに行った経験もありませんでした。

高校3年生のとき、自動車免許の合宿のために伊豆で2週間過ごしたのですが、そのとき初めて一人で電車に乗ったくらいです。地元の横須賀はバス移動で事足りるので、電車は身近な存在ではありませんでした。

宿泊した伊豆の旅館に備え付けの洗濯機は見たこともない2槽式。使い方がわからず、旅館の従業員から教わりました。問題は夜です。あまりの寂しさに泣いてしまいました。それほど一人では何もできない人間だったのです。

その後、高校を卒業して湘南工科大学へ進学をしたものの、まったく勉強熱心でなく3年生で中退します。

目標もなくフラフラしていたところ、父から「世界を見てこい！」と言われました。ちなみに私は社会人になるまで、お金を稼いだことがありません。父から「どうせお前は経営者として一生働くのだから、今のうちに遊んでおけ」と言われ、バイト経験もなかったのです（兄は自ら志願し外国人バーで英語勉強のため、バイトしていましたが、私には到底マネできません）。

渡航前に英語の勉強のため、ハワイへ1年間のお遊び留学をさせてもらい、語学学校にも通いました。しかし、ご存知のとおりハワイはほぼ日本語が通じるため、まったく英語が身につきません。

朝から昼までワイキキでサーフィン。お昼から日本人ばかりの民間の語学学校。夜は、部屋で夜な夜なファイナルファンタジー10とメタルギアソリッド2とバーチャファイターをやりこんでいました（笑）。

実は兄も修行のため、ハワイに1年間、世界を1年間回っておりましたが、お金のあるバックパッカーというイメージで、ホテルから現地での飛行機などすべて自身で手配し、自分が経営を継ぐ意識をもって活動していました。

私の世界一周武者修行の旅は、アメリカ～ヨーロッパ～中国を1年かけて回りました。相変わらず一人では何もできないため、父にすべて手配してもらい飛行機もビジネスクラスです。

まずイギリスの空港に着いたら、「Welcome to Haruki!」と明るく迎えられ、ハイヤーが用意されていました。

日中はハイヤーで観光地を巡ります。昼食はガイドさんと一緒ですが、夕飯は一人で出かける勇気もなくコンビニで買ったサンドイッチで済ませました。

次の都市に移動する飛行機もビジネス、空港まで送ってもらって、また次の都市に行くと「Welcome to Haruki!」と、ハイヤー付きのガイドさんが待っています。

なんという過酷な旅でしょう！

当時はポケモンが流行っており、ホテルの部屋でポケモンのゲームばかりやっていました。そんな単なる豪華な旅行をしてから、23歳で父の会社に営業マンとして就職したのです。

超絶ブラックな不動産会社のダメ賃貸営業マン

前述したように、私はバイト経験もなく1円も稼いだことがありません。そんな状態で父の経営する不動産仲介会社に就職しました。

当時は社員100名規模の地元で非常に有名な会社でした。なぜ有名なのかといえば〝超絶ブラック〟な会社だったからです。

もちろん今はちがいます。しかし当時は、夜討ち朝駆けなんて当たり前。夜中の2時や3時まで、「お客さんから買付をもらうまで帰ってくるな!」という会社でした。朝は7時から駅前でチラシをまいて、宅建（宅地建物取引士の資格）を取るのは必須だったので、休日は宅建の学校へ通わされる本当に大変な会社です。

私の仕事は賃貸営業、賃貸住宅の仲介をしていたのですが、とてつもなく成績の悪いポンコツ社員でした。それというのも父が不動産会社の社長で自宅は豪邸ですから、ワンルームマンションに住む人の気持ちがまったくわからないのです。

家賃を支払う苦労の経験もなく「どうしてこんな狭い家に住んでるの？」「もっとお金を出せばいいのに」と不思議に思っていたほどです。

そんなポンコツ社員ですから賃貸営業がまったくできず、1年目の売上が600万円くらい。営業成績も下から数えて3番目でした。

そんな低空飛行の賃貸仲介を2年ほど経験し、25歳でマイホームの売買仲介営業に異動しました。そもそも売買仲介がメインの会社なので、新入社員は賃貸を2～3年ほど経験したら売買へ異動します。

その部署には、兄と同期の非常に厳しい先輩、伝説的な厳しい店長がいました。その先輩、店長に愛のある大変厳しい指導をいただき、あやうく自律神経失調症の手前までいきました。さすがに会社も見かねて部署を異動してくれました。

そこは仕事のできない売買営業マンの溜まり場でした。当時の年間売上高は2400万円くらいです。

こんな感じで売買仲介営業を3年間やり、27歳のときに「賃貸管理の部署をやってくれ」と兄から命じられました。

もともと1000室くらい管理している専門の部署があったのですが、そこが手一杯になったので、新しく賃貸仲介の責任者兼賃貸管理部を作ることになったのです。

新規部署立ち上げをきっかけに「100冊チャレンジ」

新規の部署でトップの位置に就いた私は、気合を入れて仕事に向き合いました。取り組んだのは読書です。

そのときまで、私は本を読む習慣がありませんでした。おそらく年間で1冊読むかどうか。正直なところ、ビジネス本なんて見るのも嫌でしたが、「できる中間管理職になるには勉強するしかない！」と決意しました。

これは逆算思考です。「できる管理職になりたい」という目標から逆算して、そのためには知識が必要だと考えました。そこで私は1カ月で100冊の本を読破することにしました。これを「100冊チャレンジ」と名付けています。

まず100冊読む。普段本を読まない人間からすると、かなり苦しい戦いです。そこで、最初にフォトリーディング、速読が学べる本を選びました。そして、速読をマスタートして、1日3冊読むことができるようにしました。

その当時はお金に余裕がありませんから、ブックオフで105円の本を山のように買ってきて、ひたすら読みまくりました。

そして、1冊読んだら必ずひとつ行動することを決めました。つまり、100冊読んだら100新しいことができる。そうやって知識と行動を積み上げた結果、3年で中間管理職として成功することができました。

今の私の素地は、この100冊チャレンジから影響を受けています。

私は27歳から3年間、がむしゃらに頑張りました。新たな賃貸管理部を設立した初年度に12名の女性社員が入りますが、1人につき売上高1000万円の目標をかかげ、部署で1億2000万円を達成しました。

売買業をメインとする会社であり、賃貸部門が極めて弱かったところ、3年連続で増収増益の部署に育てることができました。

社内でも「部下を育てられるじゃないか！」と評価され、翌年から新卒社員の30人全員が私の部下になりました。そのときに5人体制のブロックという、今の私の組織論ができあがります。

当時の年収は900万円でしたが、賃貸部門で結果を出すことできて、「これで役員になれるだろう。年収も増えるだろう」と高をくくっていたら、ふと兄から「ところで、お前、いつ独立するの？」と聞かれたのです。

これには耳を疑いました。いずれは宣告されるだろうと覚悟はしていたものの、「これだけ業績を上げたのだから会社に居続けられるのでは？」とほのかに期待したのですが、やはりダメでした。

とはいえ、最初から決まっていたことでもあり、「絶対にそんなの嫌だ！　このまま会社にいたい！」とは言い返せませんでした。

30歳、無職になって不動産屋を買う

２００９年、兄が32歳で専務に就任して、このタイミングで30歳の私は無職になりました。そして、コツコツと貯めた７００万円を取り崩して独立したのです。これだけで本が1冊書けるくらいの面白いエピソードがあります。

ちなみに私の会社は宅地建物取引業の免許番号（6）を持っています。免許番号とは、不動産会社が宅地建物取引業の免許を受けたときに与えられる特定の番号で、これは国が認めて営業が許可された不動産会社の公式な証明です。

この免許番号は5年経つと（1）から（2）へ上がります。さらに5年経つと（3）に上がります。

（6）ということは、最低でも25年間営業している数値ですが、私は免許番号（3）の会社を買っているので実質は10年の経歴です。

なぜ、それほどの老舗になっているのか？　これは、かっこよくいえばM&Aです。父の会社を退職して、すぐに宅建協会が主催する独立開業セミナーへ参加しました。宅建の業者免許を取りたい方は、そのセミナーに行けば独立の仕方や業免の取り方を教われます。

私はそのセミナー会場のロビーに立っていた、頭のはげたおじいさんから「ねえ君。独立したいの？」と聞かれました。

それはそうです。開業セミナーに参加しているのですから。

その、怪しいおじいさんに「ぼくの会社を買わない？」と誘われて買ったのが、今の二俣川にある私の本社です。まるでドラクエのようなフラグ発生イベントでした。

これが父の会社を辞めて3～4カ月のことです。

ここから私の快進撃が始まったかと思ったら、そんなことはなくて血へどを吐くようなキツイ不動産仲介業がスタートします。

実需の売買仲介の会社を作ったものの、すぐに開業資金が尽きて、資金繰りに奔走する毎日でした。

社員は素人ばかりで教えないとダメ。もともと不動産の売買仲介も中途半端で、お店の運営もしたことありません。本当に何もわからないような状態で独立したのですから、売上を作れるわけがないのです。

それでも30歳から35歳までは仲介業で一生懸命に働きました。

ようやく少しずつお金も増えたところで、フランチャイズビジネスに手を出したのです。

それは父の勧めで始めた貴金属の買取りをする店舗です。不動産とは畑違いのようですが、相続の発生で取引される不動産の相続前の物（ぶつ）上げが目的です。

本業である実需の不動産売買で稼いだお金を貴金属の買取りにつぎ込み、横須賀で成功したので横浜にも出店しました。

しかし横浜では、ライバルが多すぎて赤字になり半年で撤退します。

おかげで本業の不動産業の経営も傾いてしまい、社員も辞めてしまいました。

人ではなく〝不動産〟に稼がせる発想

事務員がいなくなったので、代わりに奥さんが経理の手伝いをしだしたところ、決算期前に5年ほど勤めていた経理が退職を申し出てきました。

「どうにか決算が終わるまで待ってくれないか」とお願いしましたが、「親の介護で無理です」と断られます。その経理の退職後、よくよく調べたら使い込みが発覚しました。

貴金属のほかにも訪問鍼灸にも手を出していましたが、すべて撤退、営業も人もどんどんやめていく。まさに、泣きっ面に蜂でした。

もう他人を雇うビジネスに懲りた……それが38歳の私の結論です。

事業を縮小し、本業も傾いてくると、今度は資金繰りが悪化していきます。

ここで、人生で初めて頭を下げて、運転資金を日本政策金融公庫に借りに行きました。その時思ったのは、「決算書は黒字なのに、どうしてお金が足りないのか？」ということです。

そこで公庫のパンフレットに紹介されていた中小企業診断士に10万円を払って相談しました。この相談で「決算書の見方」「なぜお金がなくなるのか」「何にお金をかけすぎてお金がないのか」という原因が明確にわかりました。

それまで行っていた不動産の売買仲介では人手が必要になるのです。そこで、人ではなく物件に稼いでもらう方法はないか考えました。

結局、実需（マイホーム）を対象として買取再販をはじめました。買取再販とは、既存住宅を買い取り、リフォーム工事を実施した上で販売する事業形態です。

戸建を500万円で買って200万円でリフォームして1400万円で売る。それを2年ほどやると少しお金が貯まるようになり、そこからは収益物件を買うようになりました。

とはいえ十分な資金はありませんから、33歳のときに買った新築アパートを37歳で売りました。売却したお金で土地を買い、新築アパートを建てたのが38歳です。その辺から徐々に収益物件へシフトしていきました。

なお私は独立する前に30歳で自宅を完成させています。

父からは、「独立すると住宅ローンが組めなくなるから、それまでに家を建てなさい」と言われて、退職前に家を購入したのです。

2023年、新しい自宅を引っ越して、それまでの住んでいた自宅を、築14年にして購入金額より1500万円くらい高く売ることができました。

住宅ローンは低金利なのに大きな金額を借りやすい最強のローン商品です。金利条件がよいですし、住めば住むほどローンが減ります。

マイホームを貸し出して利益を得るのは原則不可ですが、売却の際に3000万円の特別控除が受けられますから、買える人は不動産投資を始めていなくても、買っておくことをオススメします。

いろいろと紆余曲折がありますが、2024年現在は55棟、190室、家賃収入1億5000万円、キャッシュフロー6000万円となりました。

第1章

経験に勝る経験はない、ただし愚者でなく賢者に学べ

まずは「やってみなはれ」が大事！

まったくの独学で不動産投資を進めていた私ですが、気づいたことがあります。前提として経験に勝る経験はありません。これは、〝賢者は歴史に学び、愚者は経験に学ぶ〟から得た逆の発想です。

愚者は、自分の失敗から初めて失敗の原因に気づき、同じ過ちを繰り返さないようになります。つまり、「経験からのみ学ぶことができる」という考え方です。

一方、賢者は自身が体験しなくても、先人たちの経験、つまり「歴史を学ぶことで多くの教訓を得ることができる」という考え方です。

新しいことに挑戦するとき、他の人がやっていないことに取り組もうとするとき、私たちは不安を感じます。

「何かをしよう」というのは、「失敗するかもしれない」という可能性があります。

失敗の可能性を想像しておびえ、最終的には何もせずに安定した状態にとどまるのが一般的な考え方です。

しかし、不動産投資では、まず経験を優先すべきです。

「やってみなはれ!」は、私の尊敬するパナソニックの創業者、松下幸之助氏がよく口にしていた言葉です（ルーツはサントリー創業者、鳥井信治郎氏）。この姿勢こそが不動産投資では大事なのです。

また「鉄は熱いうちに打て」ということわざがあります。これは、鉄が熱くて柔らかいうちに形を作る必要があることから、「物事にはタイミングがあり、ためらわず行動すべきだ」という意味で用いられます。

とにかく行動を起こすことを主に考えるのは、不動産投資を進めるうえで欠かせません。

しかし「この不動産を買ってもいいのかどうか?」という判断は別です。「買ってみなければわからない……」ではダメなのです。

そこで、先に「この物件は買ってはいけない」とわかっている人の元で学ぶことが重要になります。

賢者から徹底的にパクる

私自身、学びは「尊い」と信じているので、いろんなところに足を運んでいます。2019年、40歳のときに、私は「クラブジャイアンサロン」という大家の会と出会いました。そこは「2年間で賃収2000万円を目指す」という会です。

主宰の〝不動産投資界のジャイアン〟こと木下たかゆきさんは、文化住宅という関西特有のアパートを親族から相続しており、その時点で賃収月額が300万円あって不動産投資を始めています。

ボロボロの物件とはいえ、まとまった不動産を所有して無借金から始めて、極めてシンプルに売上を伸ばしていった方です。

木下さんは自身の投資のやり方……どんな物件を買っているのか、客付の仕方、リフォームではどれくらい手を入れるのかなどを発信されていたので、細かいことも含めて、すべてをマネました。

その結果、私は短期間で規模拡大をすることができました。

現在、有料大家の会に7つ以上入っていますが、初めて大家の会に入ったクラブジャイアンサロンが私の一番の転換点です。

「MPA（民泊プレーヤーズアカデミー）」の新山彰二さんからも学びました。新山さんは民泊からスタートして、不動産投資との組み合わせで事業拡大をされており、今は宅建業者として売買に力を入れています。

新山さんもクラブジャイアンサロンの委員長をやられています。新山さんからは行動力と融資に対する考え方を学ばせていただきました。

また関西にはとある100人限定の会があります。木下たかゆきさんも初期のころに学んでいたそうで、会員100人中、なんと半分以上が賃収1億円を超えています。私はこの会の先輩方からも学んでいます。

今一番よくご一緒しているのが、「セリック道」の世利佳一さんです。福岡の方ですが、この人は賃収が8億円あり、部屋数はなんと1000室。「100室を超えないと大家さんではありません！」という、すごい考えの持ち主で私は九州へ行くとこの会でよくゴルフをしています。

また2022年には、オンラインのサロン「曙会」へ入ったのですが、主宰のトミーさんという方が素晴らしい人脈をお持ちで、この方からコミュニティの運営方法などを学んでいます。

こうやって、複数のメンターから学んだ私も、2022年の3月に無料サロン「関東大家の交流会」を発足しました。

木下さんのサロンは2年で2000万円を目指していますが、私の会はもっと小規模で、「5年で賃収1000万円を目指しましょう！」という現実的な数値目標を掲げているのが特徴です。

「はじめに」で述べたように、物件をまだ1棟も持っていない人から、2～3億円の

関東大家の交流会

大規模な方まで、現状2200名の会員がいます（2024年6月）。

2023年4月からはより具体的にアドバイスができるように、月額有料サロン「BOS（バランス大家サロン）」も始めました。こちらは180名のメンバーが学んでいます。

もし興味がありましたら、ご案内が巻末にありますので、ご確認ください。

なぜ大家の会を始めたのか。その理由は、私自身が先人に学び大きく数字を伸ばしたからです。

私は独立してから8年の間、コツコツと物件を購入して賃料が3000万円、キャッシュフローが年間1200万円でしたが、初めて大家の会に入り、先人たちの手法を学び、戸建を中心に売上を伸ばしたところ、1年間で戸建20戸、アパート3棟を購入し、2年半で家賃1億円までに伸ばすことができました。

そこから2023年までの5年で50物件を購入し、賃収1億5000万円となりました。

私は長らくの間、独学していましたが、大家の会に入り賢者から学び、そのノウハウを徹底的にマネすることで投資が加速しています。

余談になりますが、私の兄は父の会社を継いで、売上高30億円を120億円に伸ばしています。やはりボトムが大きければ大きいほど、次のステージまでが容易であると痛感しました。

しかし、持たざるものであっても、道を間違えさえしなければ成果を出せるのが不動産投資です。不動産は他の事業とちがい、答えも目の前にあります。

正しい道とは、成功した先人たちが歩んだ道。私たちはその背中を追うだけでいいのです。

かつての私は多くの先輩からノウハウをパクらせてもらう側でしたが、今は恩返しの気持ちを込めて、私が学びの場を提供するというスタンスです。

不動産投資成功の原理原則はシンプル

さて、ここからは不動産投資の原理原則に入ります。

何も知らない初心者が不動産投資で成功するためにはどうすればよいのでしょうか。まず知ってほしいのは不動産投資の原理原則です。これは非常にシンプルで、まず、次の４つに分けて考えます。

- **仕入れ**
- **融資**
- **賃貸付け**
- **売却**

これを基本にして物事を考えています。要は「どうやって仕入れるの？」「どうやって融資を出すの？」「どうやって高く貸すの？」「どうやって高く売るの？」

この４つを意識すれば、「持ってよし、売ってよし」になるので、最悪の事態になっても物件を売却すればどうにでもなるのが後々にわかってきたのです。では、それぞれを順番に解説しましょう。

まず入口となるのが物件の仕入れです。仕入れに関しては、次を肝に銘じています。

・利は元に有り
・ブルーオーシャンではなく、ホワイトオーシャンで闘う

「利は元に有り」。やはり仕入れがどれだけできるかによって不動産投資の成否がわかれます。そしてブルーオーシャンではなく、ホワイトオーシャンで闘う。

これが大事なポイントです。ブルーオーシャンが競争の少ない新市場の創造する観点だとすれば、ホワイトオーシャンは今あるものを最有効活用する戦略です。

続いては融資です。豊富な自己資金があれば別ですが、現金がなければ借りてくるしかありません。この融資付けをどうするのかと考えたときに、どんな物件を買っているのか（仕入れ）がかかわってきます。

物件選定を間違えなければ、融資はついてきます。これを忘れないようにします。

バランス大家流の戸建融資においての成功の原理原則は「住宅ローンが組めるかどうか」です（詳しい内容は第3章をご確認ください）。

次は賃貸付けです。私は賃貸付けこそが優位な売却につながると考えており、まずはしっかり賃貸付けすることに注力します。

最後は売却です。規模拡大において売却は必須です。高額売却により自己資金にも厚みがでます。ですから買い続けたいと考えるのであれば、途中での売却も視野に入れてください。

売却に関して一番大事なのは「高く貸せれば高く売れる」ということです。

この４つの原理原則について次章から詳しく解説していきます。

第2章

バランス大家流不動産投資
実践編　仕入れ

始め方のルール

これから不動産投資を始める方に向けて物件購入のルールをお伝えします。このルールを最低限守ってもらえたら、失敗物件を買って破綻するようなことはありません。また、物件をいくつか買ったところで行き詰まることもありません。

・小さな物件を狙う

まず初心者は低い価格帯の小さな物件を狙います。「自分でリスクが取れる範囲内で物件を買う」という認識です。具体的には「失っても死なないお金」です。たとえば年収700万円の人が、1億円を超えるような物件を借金して買って失敗したらアウトです。売却しても残債がすべて返せないような物件もありますから、借金だけが残ってしまいます。

しかし、年収700万円の人が1000万円くらいの物件を買ったのなら、なんとか頑張って返せます。初めて購入する際は、このように心の安寧が保てる物件から取り組んだほうがいいでしょう。

私自身、昔から「5000万円以上の物件は買わない！」と決めていました。

その理由は2～3つあるのですが、当時、自分の全財産をどうにか、かき集められるのが5000万円だったからです。

ここで私が1棟目のアパートを買ったときの話をしましょう。

2013年、33歳で1棟目の物件として新築アパートを買ったのですが、価格は3500万円でした。

実需では売れない前面道路持ち分のない物件です（前面道路の年間使用料1万円）。土地を兄の会社が700万円で仕入れて、私に1250万円で売却しました。すでに建物プランが入っていたのと、初心者でも問題なく買える物件です。

当時、賃貸経営に興味はあったものの、不動産投資についてはまったく無知で、「金持ち父さん貧乏父さん」（ロバート・キヨサキ）などの基本的な書籍も読んでいませ

初めて購入した新築アパート。フルローンがついた!

2013年購入
井土ヶ谷駅徒歩8分
土地から取得した、プラン付き新築アパート4戸
価格　3,500万円
利回り10%
融資期間　30年　金利1.5%
仕入れ方法：古巣の仲介の先輩

んでした。

新築アパートが欲しかったというよりは、フルローンがついて手付100万円で買えると聞いて、「3500万円程度ならどうにかなるな」という感覚で購入を決めました。

私は不動産業者としてふだん数億円の取引をしているにもかかわらず、多額の借金が怖かったのです。そのときは本当におっかなびっくりで投資していました。

このように、最初はその人がリスクを取れる身の丈に合った金額の物件から買ったほうがいいでしょう。

金額はその人の自己資金や融資への考え方によって変わります。

・担保評価＞物件価格のものを買う

続いてのルールは「担保評価＞物件価格のものを買う」ことです。大前提として「物件価格よりも担保評価が低いもの」を買ってしまうのは失敗です。

金融機関が融資を行う際には、返済ができなくなった場合に資金回収ができるように、不動産などを担保としてとることが一般的です。そして、その担保となる不動産が融資額に見合う価値があるかどうかを評価するのが「担保評価」です。

担保評価額は、不動産の評価額に特定の担保率（かけ目）を乗じて計算されます。不動産の評価額を算出する際には、一般的に「一物五価（いちぶつごか）」と呼ばれる複数の指標が用いられますが、これは金融機関によって異なります。

また、かけ目も金融機関や融資目的に応じて異なりますが、60～80％程度が多いです。

なお「一物五価」とは、一つの不動産に対して価格を示す指標が五つあることを指す言葉です。

具体的には、公示価格（公示地価）、実勢価格、基準地価、路線価、固定資産税評価額です。

たとえば担保評価が500万円の物件に1000万円の融資を引いてしまったら、

マイナス500万円の評価になってしまいます。

しかし、1000万円の評価がある物件に対して500万円の融資を引いていたら、資産が500万円のプラスになります。融資を止めないためには、この「担保評価が余っている状態」をつくることを心がけましょう。

私自身も当時は現金がなかったので、できるだけフルローンを受けたいと考えました。

基本的には担保評価より物件価格が低いものを買っていました。これを続けていくと、物件を買えば買うほど資産が増えます。

・ボロ戸建を買わない

戸建投資をされていると、ボロ戸建を1戸か2戸は買ってしまっている人も多いと思います。そこはあえて「ボロ戸建はダメ！　評価が出るものを買いなさい！」と明確にしたいです。

私は基本的にボロ戸建を買いません。これまでに戸建を30戸以上買ってきましたが、ボロ戸建は1戸くらいです。

「戸建投資＝ボロ戸建投資」というイメージがありますが、バランス大家の投資術では、「ボロ戸建は絶対に買ってはいけません！」と伝えています。

なぜ、買ってはいけないのか。その理由を解説しましょう。それは大前提として、「価値のある戸建」でないといけないからです。

ボロ戸建であっても修繕すれば使える場合もあり、実際にボロ戸建を格安で仕入れて再生する投資法も存在します。

しかし、私が重視するのは戸建の建物としての状態ではなくて、あくまで銀行評価です。

・現金でなく〝知恵〟を使う

無担保融資でも何でもいいので、資金を借りてくることを念頭に置いてください。

初心者からすると難しいイメージがあるかもしれませんが、私は極力現金を使いません。

1戸目で、「やむを得ず自己資金を5%、10%を入れる」という程度ならまだしも、最初から自己資金を使いきるような購入の仕方をしないでください。最後まで資金調達に頑張る努力をしてください。

親からお金を借りてもいいです。なぜなら不動産は現金を温存しながら戦っていくゲームですから。前述した担保評価の高い価値ある戸建を所有していれば、共同担保に入れることができます。

現金を使うのはカンタンですが、なるべく現金を使わず知恵を使いましょう。

担保評価が高い物件であれば現金を使う必要はなくなります。そうした物件を見つければすべてクリアできます。

評価が800万円で物件が500万円なら、基本的にフルローンは簡単に出ます。これが担保評価500万円で物件800万円なら棄損するから出ません。そうすると現金を使ってしまうので拡大ができなくなります。

・現金で購入したら、バックファイナンス

現金で戸建を購入した後に融資をつけるバックファイナンスは、難易度が高いといわれている方法です。

かつて日本政策金融公庫でできましたが、今では難しいです。私は取引のある信用金庫でできるものの、初心者にはハードルが高いでしょう。

しかし、絶対に無理ということはありません。現金で購入した後に物件の修繕をする名目で借りる、リフォーム融資にチャレンジしましょう。

私は現金で買って、バックファイナンスで現金を戻し、また戸建を買って……をひたすら繰り返し、1年間で20戸くらい戸建を買ったことがあります。

毎週が決済で、しかも自分で入居付けまでしていましたから、毎週案内して毎週契約するということを、3年くらいやりました。

戸建に関してはこれができるのと、できないのとでは全然ちがいます。

私の勉強会のメンバー向けに、私が懇意にしている信用金庫を紹介する会をしてい

ます。

先日もメンバーさんが物件を担保に入れて、200万円のリフォーム融資を引くことができました。

これも初手だと難しいのですが、太い紹介ルートであれば経験なしでも運転資金100万円から借りることができます。融資において紹介はかなり重要です。読者のみなさんも何とかルートを見つけて、バックファイナンスにアタックしてみてください。

仕入ルートは5本の柱＋α

ここからは実際に物件をどうやって探すのか、その方法をお伝えします。もっとも基本となるのはインターネットでの情報収集です。実需の売買営業をしていたとき、ネットやレインズ（不動産業者間の情報システム）を見ていました。

毎日、神奈川県の物件を月に１０００件見て、そのうち１００件の下見をしてきました。それを10年間続けています。ですから自分の得意エリアの戸建、区分マンションは相場がすぐにわかります（アパートなどの収益物件は下見してなかったので相場は苦手です）。

一般的にチェックするサイトは「健美家」「楽待」「アットホーム」「スーモ」です。「健美家」「楽待」は投資としての価値。「アットホーム」「スーモ」は実需としての価値を重視しています。

簡単に判断する方法は、収益物件に特化したサイト「健美家」や「楽待」でいくらくらい稼げるのかの確認をします。

続いて「アットホーム」「スーモ」など賃貸募集をしているサイトでは、戸建の賃貸募集も載っていますから、家賃の相場を調べることができます。そうやって物件探しをして、「これは！」と思った物件を内覧するといいと思いますが、私は少し違います。

ここでは私が実践している効果的な5つの仕入れ方法をお伝えします。

この方法はいってみればウラ技です。プロの宅建業者でないとできないやり方もあります。「仕入れの5本の柱＋（プラス）α」とは、具体的にどういうものなのかを説明しましょう。

1 士業

私の購入した1戸目の戸建は士業から仕入れた物件です。そもそも「士業」とは誰なのか？　具体的には次を指します。

「司法書士から」任意売却での物件売却

「税理士から」顧客の地主さんの資産整理での物件売却

我々、プロの不動産業者は情報を得るために司法書士や弁護士、行政書士にDMを送ることをします。ただ、同じことを素人がやると迷惑がかかるので、投資家から士業への直接アプローチはオススメできません。

というのも司法書士をはじめ、士業の方は不動産投資のプロではないので、不動産知識がない人と話をしても問題解決にはならないからです。

私の場合は、成年後見人制度を使っている不動産の売却です。成年後見人制度とは、知的障害・精神障害・認知症などによって判断能力が欠けている状態にある人が、いろいろな契約や手続をする際に支援するための制度です。

すでに認知機能がはたらかない高齢者の後見人に司法書士がなっており、私が相談を受けることがあります。

弁護士の場合、「離婚での売却」や「相続理由での売却」などが多いです。補足するなら、私は年間2〜3軒を買うために、お金が全く儲からない査定書を年間で100通くらい作っています。

たとえば離婚裁判なら夫婦の財産を分けるために「家の査定書を作ってほしい」と頼まれます。しかし離婚が成立しても売らない……ということも珍しくありません。

このように、弁護士さんのために使える資料を作ってあげることで役に立つ代わりに物件情報がもらえるのです。「何かいい案件があれば春木さんへ一番に持って行きますね」と言われ続けているので私は頑張っています。

いずれにしても士業は、なかなか一般の投資家とつながりにくいです。このスタンスになるためには2つのルートがあります。

① 不動産業者になり、司法書士と仲よくなる
② 司法書士と懇意の不動産業者と仲よくなる

この①の場合、プロになるということなので現実的ではありません。読者のみなさんの場合なら②のほうがチャンスはあります。

②の不動産業者の探し方は、数をあたって聞いてみるしかありません。簡単ではないですが、一度つながれば強みとなるでしょう。

2 中堅仲介会社

中堅仲介会社も仕入れルートとしては有力です。

まず中堅仲介会社とはどのような不動産会社なのか、その定義から解説します。それは「地域に3以上の店舗あり、定期的に新卒を採用している会社」です。

賃収1000万円以下の人が目指すとすれば、中堅仲介会社の新人と付き合っていくのが一番早いと思います。

中堅で地場に根づいており多店舗展開しているので、その地場の情報が入ってくるのと、定期的新卒が入社するため自分で教育がしやすいのです。

教育とは収益不動産のことを何にも知らない新人に、どんな物件を求めているのか教えることです。それがやりやすいのが中堅会社です。

属性が低いと上の人は相手にしてくれませんが、新人ならお客さんが欲しいから、たとえ低属性でも一生懸命になってくれる可能性が高いのです。

しかも実需の会社であるほど都合がいいです。戸建や築古物件を仕入れる……、要は土地の仕入れです。

その価値をまだわからない新人たちに対して、いかに自分をアプローチできるか。これもまた初心者には難しい話ですが、中堅仲介会社の大きな特徴であるので、教育については「いずれ目指すこと」くらいで覚えておいてください。

3 大手仲介会社

いわゆる東急リバブルや三井のリハウスといった、誰でも聞いたことのあるような大手の売買仲介会社です。

私は大手でも新人を狙います。なぜなら訳あり物件や癖のある物件は、ほぼ新人が担当するからです。

新人の探し方は会社のホームページの社員紹介を見て、一番下の社員を狙って物件の問い合わせをするといいでしょう。

「新人だから知識がなく、物件の瑕疵（欠陥）を伝え忘れてトラブルになるのでは？」と心配されるかもしれませんが、大手は新人一人で動くことが少ないです。

最初は直属の上司と動くので、その新人を通して上司とも仲よくなればいいでしょう。そもそも大手は契約書も細かく作られていますし、トラブルの責任もきちんと取ります。

できれば歩合給ではなく固定給の社員がいいでしょう。なぜ固定給が大事なのかというと、たとえば私たちが買っている200〜300万円の安価な戸建では、仲介手数料は10万円くらいで手間のわりに利益は少ないです。歩合制に比べて固定給の会社は金額よりも件数を重視し、お客さんを大事にします。

これが歩合給になると、行儀の悪い営業マンに当たる可能性が増します。ガツガツしていてルールをわきまえずグレーなことをやりがちで、袖の下（ワイロ）を求められることもあります。

それが悪いわけではありませんが、初心者の不動産投資家が付き合うには荷が重たいです。大きい物件を狙うならともかく、初心者の場合は固定給のある大手の不動産会社の新卒と付き合ったほうが買いやすいです。

なお大手でどこの会社が「歩合給なのか・固定給なのか」については、先輩大家さんに聞くか、私に聞いてください。

4 老舗の地場仲介会社

老舗の地場仲介会社とは、免許番号（9）や（10）の会社です。

序章で解説したとおり、カッコ内の数字は免許が更新された回数を示しており、数字が大きいほどその不動産会社が歴史ある存在であることを示しています。

免許の更新は通常、5年ごとに行われるので、開業して6年目の場合は（2）、11年目の場合は（3）となります。

つまり、(9)や(10)ということは45~50年以上の営業歴のある会社ということです。IT化が進んでおらず、連絡手段には電話とFAXしか使えず、情報をインターネットに出すことなく営業している会社も多く、このようなところと仲よくなると、楽待や健美家などには載っていない物件が出てきやすいです。

実際、そのような会社の人は偏屈なおじいさんが多く、なかなかひと筋縄ではいかないイメージもあるのですが、そこを、いかに仲よくなるかが肝となります。

それにはコミュニケーションが重要です。きっかけが何かあればいいのですが、そんなに都合よくはいかないので、まずはマメに店へ通いましょう。

地場の仲介会社は基本的に平日の日中は割と暇を持て余し、地主さんとお茶を飲んでおしゃべりしていることも多いです。

できればリアルで会って顔を覚えてもらったほうがいいです。その際、閉店間際に行くのは迷惑なので避けてください。

5 自社管理物件、リピーター

自社管理物件やリピーターからの紹介は、プロのやり方です。不動産業者になって賃貸管理を請け負って、そのエリアで不動産取引を続けていけば、「また売りたい」「また買いたい」という話をいただけるようになります。

初心者にはハードルが高いですが、プロにならなくてもドミナントで不動産投資を続けていると、こうしたリピートの話がいただける可能性はあります。

なお、賃収1億円規模を目指すなら、自分自身で宅地建物取引業の免許を取得するのがオススメです。

宅建業になり管理を請け負って、その中で売買が扱えるようにするのが拡大への近道です。

6 プラスα（アルファ）

プラスαというのはクチコミです。初心者なら同じエリアに大家さん仲間をつくり、そこから物件情報のパスをもらいます。

つまり、仲間の大家さんが買いそびれた物件や、「情報がたくさん来過ぎてもう買えないよ」という物件を譲ってもらうのです。

人脈が必要となりますが、これが初心者にとって一番ハードルが低いかもしれません。私自身もそれで戸建を購入した経験があります。

一度、物件を買ってからのやり方になりますが、地域のプロパンガス屋さんに声をかけるのも一手です。プロパンガス屋さんはいろんな相談を受けることが多く、「オーナーが物件を売りたがってますよ！」という話を聞くこともあります。

そこでプロパンガス屋さんに「売り物件があれば教えて欲しい」と頼んでおきます。実際、これまで私はプロパンガス屋さんから4件くらい情報をもらって1戸買っています。

どんな会社から仕入れるか

ここでは、物件の仕入れにおいて、「どんな不動産会社から仕入れるのがいいのか」「不動産会社との付き合い方」のポイントを解説します。

具体的には次の5つがあります。

- **実需（自己所有向け）の仲介会社**
- **エリアをしぼって、地場の仲介会社と仲よくなる**
- **仲介会社は大手、中堅の地場の会社で新卒をたくさん採用している会社**
- **入社2年目までの若手に対応してもらう**
- **接待するときはコツがある**

戸建、アパート、RCマンションなど物件によって使える方法は異なります。順番に解説していきましょう。

・実需（自己所有向け）の仲介会社

戸建や築古アパートの仕入れの話です。ここで基準となるのが利回りです。「楽待」などにある収益不動産としての戸建のオーナーチェンジだと、投資物件としての価値を知っているから値段が高いです。

ですから効果的な仕入れ方法は実需向けの仲介会社から買うことです。地場の仲介会社から戸建が売りに出たとします。そのエリアの相場で車庫がある家なら2000万円くらいと査定される場合、車庫がなく接道も悪いと500万円と査定するのです。

これが投資会社なら利回りを計算して1500万円で売り出されます。そうした計算は、実需の会社にはできません。ですから、投資の価値を知らない会社の物件を狙うべきです。

・エリアを絞って地場の仲介会社と仲よくなる

エリアを絞ったドミナント戦略で地場仲介会社と仲よくしていくことを推奨してい

ます。

「ドミナント」といっても何十軒も必要ありません。たとえばA社から物件1戸をA地域で買います。またA社からA地域で買えば、それでドミナント作戦が成功します。

2回購入すれば「A地域で物件が出たら絶対にこの人に伝えよう！」となります。こうして買っていれば顧客として信頼度が高いし、ましてや不動産をいくつも買う人は世の中的にそれほど多くいません。お客さんとしてランクが上がります。初心者であれば、定期的に訪問するのがいいです。

あとはプロのやり方ですが、私はエリアを絞ってチラシをまいています。大手の財閥系の不動産会社は、横須賀市内にチラシを週1回まきます。対して私は横須賀市の富士見町だけに絞って週5回チラシをまくとすれば、富士見町だけは勝てます。

・仲介会社は大手、中堅の地場の会社で新卒をたくさん採用している会社

なるべくこのエリアを絞って、地場の仲介会社さんと仲よくなるのは弱者の戦略です。仲介に関しては大手・中堅の地場の会社で、前述したように新卒をたくさん採用している会社です。

大手というのは東急リバブルや三井のリハウスで、中堅はそのエリアで3店舗以上あり新卒を採用している会社です。

優良企業にもいろいろありますが、店舗数に関係なく新卒を定期的に採用している会社はいい会社が多いです。

本来なら中途社員を多く雇ったほうが即戦力になりますが、そこをあえて新卒を一から育てている会社は企業理念もしっかりしています。そういう会社は行儀の悪い営業マンもいません。実際、兄の会社がそうでした。

対照的な例でいえば、横浜には業界用語で「横浜の西口業者」と称する不動産会社があります。この地域にある一部の会社は社員を大量に雇います。これらの会社は歩合給ですから、稼げなかったらどんどん辞めていなくなります。

すべてとは言いませんが人をだましてでも物件を売るような営業マンが大勢いるため、そのようなところにハマらないように気をつけて欲しいです。

・入社2年目までの若手に対応してもらう

前項の「2　中堅仲介会社」、「3　大手仲介会社」でも紹介しましたが、入社2年目までの若手に対応してもらいます。基本的には一番若くてキャリアのない社員ほど、価格帯の低い物件の対応をさせられるケースが多いからです。

くわえて、まだ業界に慣れていないため擦れておらず、自分のお客さんもいないこともあり、ちゃんとこちらの相手をしてくれます。

そういう若い営業さんは経験を積みたいから一生懸命にやってくれます。これを私は重要視しています。

ホームページのスタッフ紹介を確認してみましょう。問い合わせするときに下から2番目くらいの社員を狙っていきます。初心者であれば難しいですが、中級者以上であれば、できれば育ててあげられる相手を見つけるといいでしょう。

戸建購入可否の判断基準7カ条

続いて、仕入れルートから届いた情報で買うべき戸建をどう選択するのか、その判断基準について解説します。

私が気をつけていたのは判断基準7カ条です。順をおって解説しましょう。

① 売却理由

相続なのか、住み替えなのか。安く買えるチャンスがあるのか。

物件を一番安く買うためには売却理由が重要です。

「どうして売却をするのですか？」

「買い替えですか？」

【判断基準7カ条】

①	売却理由
②	土地の路線価から出した土地値
③	再建築できるか
④	現段階で住宅ローンが組めるか。 車は停められるか。
⑤	リスクと対応策
⑥	近隣の実需販売の値段を調べる
⑦	近隣の募集事例を調べて 最安値で試算する

「相続ですか？」

この売却理由の中で、私が過去これだけの件数をこなしてきて一番儲かる案件は、相続です。なぜかといえば、収益物件の価値を知らない人たちが所有するからです。

私にとって一番利益の出た案件となる相続が10年前にありました。家は一応メンテナンスをしていましたが相続登記をしていません。

「相続してそろそろ10年経ったから売却しようかな」と遠方の親族たちが集まり手放すことを決めたものの、誰も物件の価値がわからない。くわえて早く売りたい気持ちがあるため、金額が安くなりやすいです。

また売主が法人か個人かで変わってきます。法人であれば「資金繰りに困って早く売りたい」「決算月なので早く売りたい」というケースがあります。

売主が法人の場合に気をつけたいのは投資家の出口です。

安く仕入れた物件を高値で売却している可能性があります。謄本を見て「所有期間が短か過ぎないか」「抵当権の設定額が300万円なのにもかかわらず1200万円で販売している」といったことはないかをしっかり確認して、くれぐれも投資家の出口にならないよう気をつけましょう。

②土地の路線価から出した土地値

相続税路線価は必ず確認してください。路線価は相続税の計算に用いられる基準で、国税庁が毎年公表している公的な価格です。

神奈川エリアなら市場価格の「7掛け」くらいが路線価になります。場所によっては路線価よりも低い実勢価格があり変わってきます。この路線価より安く買うのがポイントです。

③再建築できるか

遵法（じゅんぽう）性があるかどうか。それから再建築ができるかも重要です。建築基準法上の2メートル幅の道路に接している必要があります。2メートル幅の道路に面していない場合、再建築には制限や条件が課されることがあります。

ただし、特定の例外や地域によっては、道路に面していなくても再建築が認められる場合もあります。地方自治体や建築基準法の規定によって異なるため、具体的な事例については地元の自治体や建築当局に相談してください。

④現段階で住宅ローンは組めるか。車は停められるか

最終的にマイホームとして実需に売却できるかどうかは重要です。

そのためにも「住宅ローンが組めるか」また「車を停められるか」を判断ポイントにしてください。なお、住宅ローンが組めるということは、再建築物件ではありません。

⑤リスクとその対応策

リスクをただやみくもに恐れていては先に進めません。私は購入を迷っている方には、「買ったときのリスクを5つ出してください。その5つの対応策を取れますか?」と問いかけます。

たとえば擁壁がある場合、一番のリスクは崖が崩れた場合、下に与える損害を賠償するリスクがあります。土砂災害特別警戒区域（レッドゾーン）に新築する場合は、擁壁にお金がかかるケースがあります。また、検査済をとっていない擁壁はやり替える必要があり、それもまた高コストですからやめたほうが無難でしょう。

そのほか、水道管が他人地に入っていて第三者に使わせないというケースです。これは上水でも下水もあります。この場合は所有権移転したら使えなくなりますので、覚書を確認しましょう。

私の知るケースですが、本下水が他人地を通っていた戸建で、下の所有者が変わってその下水管が使用できなくなりました。

どうしたかといえば、マッチポンプで下水をくみ上げることになり、そのためのコストが500万円かかりました。

このケースでは、500万円が捻出できて、かつ収支が合うのではあれば購入しますし、お金の用意ができず収支も合わないのならやめるという選択になります。

そのリスクに対して、「防ぐための方法があるのか」「リスクが起こった場合、どれくらいの金額がかかるのか」「その費用が支払えるのか」ということを考えておきます。初心者であれば自分の知見だけでなく、先輩やメンターにも確認したほうがいいでしょう。特に勉強していない初心者はリスクが何かもわからないものです。

⑥ 近隣の実需販売の値段を調べる

あとは必ず実需の売買事例を調べます。具体的な調べ方はスーモなどの不動産情報サイトで近隣の戸建の売買情報を見て、いくらで売りに出ているか確認します。

目安はなるべく似たような5物件で比べます。売り物件の数がない場合や、見てもよくわからないなら相続税路線価を見ましょう。

前述したように市場相場の7掛けが路線価です。旗竿（はたざお）地や階段立地だと価格がずれます。

このように売買事例を調べて、それよりも安く買って負けない経営を心がけます。

勝たなくてもいいのです。とにかく負けない。これを心がけてください。

⑦近隣の募集事例を調べて最安値で試算する

近隣の賃貸相場をリサーチして、最安値を調べます。リサーチの仕方は、アットホーム、スーモ、ホームズなどで募集中の賃貸物件をソートして賃料の安い順にならべます。私は昔ながらの不動産屋なので、使い慣れたアットホームだけで調べていますが、メジャーなサイトであれば、何でもかまいません。

最安値の家賃で設定して利回りを計算してください。

ちなみに購入判断では最安値で計算しますが、募集のときは差別化して最安値よりも高めの家賃で貸す努力をします。詳しくは第４章で解説します。

値付けの仕方

戸建購入の際、値付けの仕方をお伝えします。基本前提として次の心構えを忘れないでください。

・指値という概念を捨てる
・想定家賃は最低の金額を想定する
・購入金額＝リフォーム費用を差し引いて利回り20％、もしくは30％

・指値という概念を捨てる

基本的にみなさん「指値（さしね）する」というのですが、ホワイトオーシャンを狙っていけば、値段が決まる前にこちらに話が来ますから、指値ではなくて査定になるのです。

私の場合、市場に出回る前に情報が来ますので、常に指値ではなく査定をしています。

・想定家賃は最低の金額を想定する

想定家賃は必ず最低の金額を想定してください。この部分は前項の購入可否判断と同じです。過去の成約事例の中でも最も低い数字を選び、その数字でシミュレーションします。具体的には、家賃を最も低い数字で出して査定をして、利回りをシビアに計算します。しかし、実際に貸すときは高めの金額でチャレンジします。

・購入金額＝リフォーム費用を差し引いて利回り20％、もしくは30％

私は基本的に融資がつくものに関しては利回り20％で算定しています。市街化調整区域など融資がつかないものは30％で購入しています。

その理由は、築古戸建の融資は長く組めて10年だからです。融資を10年で組んでもキャッシュフローが残るのが利回り20％です。これが融資期間15年なら利回り15％でもいいでしょう。

一方、市街化調整区域など融資が組めないものは現金を使うので「3年で回収できればいいいだろう」というのを目安にしています。

第3章

バランス大家流不動産投資
実践編　融資

主な金融機関の種類

まずは、いくつかある金融機関について簡潔に説明します。これらの金融機関は、それぞれが異なる規模や特性を持ち、不動産投資においてもそれぞれが異なるメリットやアプローチを持っています。

自身の属性や自己資金がどれくらい使えるか、住む場所、投資する場所などにより、投資家は使える適切な金融機関を選択することが重要です。

・メガバンク

全国で広範な金融サービスを提供する大規模な銀行です。ご存じのように戸建投資ではまったく使えません。また、普通のサラリーマンには貸してくれません。

・地方銀行

地域に密着した金融サービスを提供する銀行です。不動産投資においては、サラリーマンに積極的な地方銀行がいくつかあります。属性をクリアしても戸建で融資を受けるのは難しいです。

・信用金庫・信用組合

小規模ながら地域の中小企業や個人に対して、融資や預金などの金融サービスを提供します。不動産投資においても、地域のニーズに合わせた柔軟な対応が特徴です。

営業エリアが狭いのが特徴で地場の企業に融資をする大原則があるため、戸建であっても融資をする可能性が高いです。

・日本政策金融公庫

日本政府が設立・運営する金融機関であり、主に中小企業や地域経済の支援を行っています。幅広く戸建投資に使える金融機関です。

4～5年前は無担保でリフォーム費用、物件購入を無担保で出してくれましたが、今は難しくなっているためリフォーム費用での利用がオススメです。

・ノンバンク

ノンバンクは銀行とは異なり、預金を受け付けず主にクレジットや投資商品を提供する役割を持っています。一部で不動産担保ローンを行っています。一般的には、難アリ物件、築古や違法物件に柔軟に出す印象です。

投資初期に使うのはいいですが、金利が高いことにくわえ、拡大時期には与信棄損で足をひっぱる可能性があるため私はオススメしていません。

与信棄損とは、「借入金が個人の与信と保有物件の担保価値の合計を超えてしまい、債務超過に陥っていること」で、与信棄損になると融資を受けられませんのでご注意ください。

借金へのマインドブロックがある場合

融資を受けるにあたり障害になるのは何でしょうか。

よく配偶者に反対されて踏み出せない方がいますが、自分自身、借金が怖くて踏み出せない……という方もいます。

ここでハードルとなるのは借金へのマインドブロックです。

借金に対しては初心者の方ほど負のイメージが強く「怖い」と思うものです。それは、これまでの人生の中で「借金は絶対ダメ！」と刷り込まれているからです。

そのような人は、自分のできる借金を細かく積み重ねていきましょう。

気づいたら1億円くらい借金が増えているかもしれませんが、しっかり物件を選んで購入して、きちんと賃貸経営をしていれば、毎月通帳にお金が残っているはずです。

賃貸経営における借金は、入居者さんが家賃収入のかたちで支払ってくれます。そして、時間が経過するほど借金は減っていきますから、むやみに恐れる必要はありません。

そもそも「借金」という言葉を使わないようにしましょう。あくまで事業に必要な「借入れ」です。

言葉は力を持ちますから「借金＝怖い」となります。それを「借入れ＝投資」と頭の中に植え付けていくのです。

「借金が、いや、借入れがね」と言葉を直すくらいにマインドコントロールしていくべきです。

そして、借入額をどんどん増やしていきましょう。

「500万円の借入れをしたんだよ」「あ、そうなんだ」という会話を夫婦で、家族で何回も続けていけば、借入れが当然のことになり、投資規模も増えていきます。そうやってレバレッジを使いこなせば、賃収1億円も夢ではなくなるのです。

戸建投資で規模拡大するために

私は戸建投資から財を築きました。2020年の1年間で戸建を20戸、アパートを3棟購入し、1年間で家賃収入が2200万円も増えました。私が買ったのは基本的に融資がつく戸建です。

具体的にいうと4000万円の現金で戸建をたくさん買って、その戸建に融資を後からつけて、また現金を戻します。

その現金で戸建をまた買って、また融資をつけて……。その現金で戸建を買っていく繰り返しを3回しました。

今は戸建を37戸持っているのですが、その中で融資を組めない戸建は2~3戸だけです。ほぼすべて融資が組める物件を意図的に買っています。

神奈川県の横浜・横須賀は、「なかなか融資がつかないボロ戸建のほうが多いから難しい」と聞くのですが、実はそうでもありません。きちんと融資のつく物件も安く仕入れることができます。

それでは、どんな物件に融資がつかないのかといえば次に当てはまる物件です。

- **建ぺい率オーバー**
- **容積率オーバー**
- **増築未登記**
- **市街化調整区域**
- **前面道路が建築基準法上の道路に認定されていない**

「階段がある山の上だと建て替えができないのでは？」と勘違いされている方もいますが、建築基準法上、前面の道路が建築用の道路であれば建て替えはできます。

ですから物件を探すときは、必ず前面道路や容積率、建ぺい率をしっかり確認してください。

意外にも落とし穴なのが増築部分です。これが未登記になっているかどうかも確認してください。

増築未登記の場合は、増築登記を入れないと融資は基本的に厳しいのですが、増築されているかどうかがわからないケースもあります。

固定資産税通知書、もしくは公課証明書や評価証明書を確認してください。これを見ていただければ増築登記が必要なのかどうかが判別できます。戸建投資で融資を受けるには、その辺の確認が必須です。

仲介業者へのたった1つの質問

私はボロ戸建や再建築不可をほぼ持っていません。基本的に住宅ローンが組めるものを買っています。

「住宅ローンが組めない……。でも、土地の固定資産税評価は1000万円ある」というのは銀行として評価が出ません。

戸建に融資がつくのかどうかを、たったひと言聞くだけでわかる方法があります。

「この戸建、住宅ローンが使えますか？」

これが一番簡単な聞き方です。その答えが「ノンバンク系なら組めますよ」ではダメです。銀行は遵法性というものを重要視します。遵法性とは、次を言います。

建ぺい率や容積率はクリアしていますか？

増築未登記はないですか？

前面道路はちゃんとした建築基準法道上の道路ですか？

市街化区域ですか？


これらを全部クリアしていないと住宅ローンは使えません。

昔は建ぺい容積のオーバーが約10％ならOKになっていたのですが、ここ最近は厳しくなり、5％未満でも厳しくなりました。

住宅ローンが組めるということは「担保として取れる＝担保評価が出る」物件です。

まずはこの遵法性を守っているのか。これを自分で調べる前に仲介さんへ聞く方法が、「住宅ローンは組めますか？」のひと言です。ですから戸建投資をする際には、これを必ず聞いてください。


たとえば、「増築登記（または減築登記）をすれば住宅ローンが組めますよ」という返答もあるので、それは買った後に対応して融資を組むのも一つです。

担保評価が出るということは投資用ローンとしても使えますし、共同担保としても使えます。逆に住宅ローンが組めない物件を持っていっても、共同担保としては非常に使いづらくなります。なぜなら担保として機能していないからです。

ただ、銀行によっては収益を生んでいる物件に対して、人質ではないですが「何もないよりはマシ」と共同担保として取るケースもあります。

しかし、基本的には「評価がない担保」という扱いになりますので、あまりプラス材料にはなりません。

ですから、「できれば住宅ローンが組める物件を無借金で買っておき、それを共同担保に入れる」という考えも入れておくと、戸建投資そのものはとてもはかどります。

融資を組む場合でも、たとえば1000万円の担保評価が出る物件を500万円で購入し、リフォーム費用を入れて700万円を借りた場合でも、300万円の空き枠が出ます。

これを続けていくと銀行から見た資産がどんどん増えて超過していきます。このように資産超過の状態まで持っていくことができるのです。

私が成功した一番の要因は、戸建で融資を組んで継続して購入できたこと。なおかつ融資の金額よりも評価が高いものを買っていったからです。

ぜひみなさんも金融機関の評価を意識しながら戸建投資をしてみてください。

融資審査の４要素

これは必ず覚えてください。銀行では稟議書といって必ず作文を書くのですが、どのようなところを見ているのかというと、次の４項目です。４つの要素で最低２つ、できれば３つクリアしていれば融資が出ます。収益性がダメでも、他がよければ物件が買える可能性が高まります。評価を得られるようにしましょう。

①収益性
②担保評価
③自己資金
④決算書

1 収益性

物件単体がそもそも投資として回るかどうか。空室リスクや金利上昇リスクを付加して、それでもきちんと投資として成り立っていれば問題ありません。赤字になって、手出しが出るものはそもそも投資ではありません。

私が戸建の収益性を考える際には、家賃を地域最安値で計算します。条件として「駅から徒歩15分以内で、延べ床面積が同程度の戸建」のなかでも最安値というのがまず1つのやり方です。

くわえて私の場合は、入居者を付けた状態で、銀行に案件として持って行きます。決済する前に売主の了承を得て案内をして申込書をもらい、申込書と一緒に銀行の融資審査にかけてもらいます。一般の方には難しいかもしれませんが、交渉次第では可能となります。

戸建融資で銀行が困るのは金額が確定していないこと。なぜ確定していないかといえば、オーナーチェンジ以外、購入時点で家賃が未定のケースが多いからです。

逆に銀行から一番好まれるのは決済前に入居が決まっている状態です。これには売主さんの許可が必要になります。

銀行としてはお客さんが付いていたほうが物件として評価しやすいのが理由です。

一番の問題点は、この物件は賃料いくらなのか？　これが不明瞭です。

銀行がサブリースを好むのは賃料が確定しているからです。「この金額でお客さんは賃貸付けできます」というエビデンスを元に審査をしてもらうと、融資は通りやすくなります。

また、この手法の応用として第2章で紹介したバックファイナンスをよく使っています。

バックファイナンスとは自己資金で不動産を購入した後に、その不動産を担保に融資を受ける方法です。

つまり現金で買って、お客さんが付いた状態で金融機関に話をするのです。

もちろん審査は手前で始まっていますが、審査が出るまで時間がかかるので「先に買うから、この金額で審査してくださいね」とやっているわけです。

再現性がないように思えますが、慣れれば一般の方もできる手法です。サブリースも同様です。「必ず借りてくれます！」ということを金融機関に証明することで、バックファイナンスを取り付けるのです。

その際の設定家賃を採算が合う金額にすることが収益性の考え方です。

2 物件の担保評価

担保評価を知るには、自分で積算評価の計算をします。土地と建物のそれぞれの価格を計算して足した評価額を指します。注意事項としては、各銀行によって評価の仕方が違うので、答え合わせが必要になります。

たとえば、A銀行は接道しているのが階段で再建築するのにお金がかかるから「評価ゼロ」とみなすケースもあれば、B信金は「7掛け」で評価をすることもあります。自殺などがあった事故物件だった場合、A銀行は「評価ゼロ」でも、B信金は「半掛け」で評価してくれます。

担保評価は大きな一棟物件で金額が張れば、銀行もそれなりに対応してくれます。戸建などの小さな物件ではそこまで細かく取り組んでくれないと思われるかもしれません。

しかし、ドミナント戦略で信金中心に取引を続けていれば別です。信金はそのエリアを熟知しており、評価の部署もそのエリアにあります。

銀行評価は明確にはわかりませんし、丁寧に説明してもらえることもありません。しかし、「Ｙｅｓ ｏｒ Ｎｏ」の質問をするようにします。たとえば、自己評価で１０００万円の物件があるとします。

私「評価が１０００万円ですか？」

と聞いて教えてくれなかった場合は、

私「評価は、１０００万円よりか下ですか？　それとも上ですか？」

と聞き直します。このちょっとしたヒントをどんどんつないでいくのは大事です。

私「恐らく700万円ですかね？」

と聞いたら、

銀行「まあ、そんなもんですね」

と答えます。そこで、

私「もうちょっと上ですね？」

このように、なんとか金融機関と言葉のキャッチボールを重ねて、自分が聞きたい答えに導くスキルを身につけます。

2択の選択を2回でもやれば、自分が考えている評価との乖離が見えてくるようになります（評価の内容は基本的には開示できません、うまくくみ取りましょう）。

私はこのような質問をたくさんやってきました。特にドミナント戦略であれば、その繰り返しをすることでどんどん情報はブラッシュアップしていきますし、数値のデータが正しくなっていきます。

3 自己資金（現金）

どれくらいの現金を持っているか。金融機関の評価が足りないのなら現金を使って補います。

金融資産を1億円持っている人に、1000万円を貸すのは難しくありません。つまり、自己資金が十分にあれば、収益性に欠ける物件であっても融資が出るケースがあります。

結局のところ「見せ金」を使えば、お金が借りやすいということです。

とはいえ基本的にはできるだけ手金（てがね）を使いたくないので、ある程度の資産はあったほうがいいでしょう。そこで、自分の資産の棚卸はちゃんとしておきます。具体的には自分の資産が何を持っているのかを書き出します。自宅、預金、株、生命保険、退職金の予定金額などです。

金融機関に見せる資産は配偶者の資産、親の資産、配偶者の親の資産でもかまいません。ある資産はできるだけ開示したほうがいいでしょう。

最終的に、証拠として必要になる場合もあるので虚偽の申告をしてはいけません。親の資産をエビデンスに使うのなら、先に親の協力を得られるように交渉しておけばいいでしょう。

ラッキーなことに親御さんから「この通帳のお金は見せ金に使っていいよ。自宅も今後、おまえのものになるのだから」と伝えられた人もいました。

このように資産の棚卸をすると、その結果、使えるお金が増える場合もあります。

4 決算書（会社の経営状態）

最後に会社の経営状態です。銀行は会社の決算書を元に機械に打ち込み、各会社をカテゴライズします。

正常先、要注意先、要管理先、破綻懸念先、破綻先この5つに分類されます。このカテゴライズを上位にもっていく、かつ決算書の純資産や現預金などを加味して担当者が作文をします。

担当者が作文を書くには、最低限会社の内容が良い必要があります。どんな状況であれ、会社の業績がマイナスな時に銀行はお金を貸したくありませんので、ここは最低限クリアする必要があります。

評価は○×△です。○が2つ、×が2つあるくらいでギリギリですから最低でも○は3つ。すると収益性は悪いけれど評価も出るし、キャッシュを持っているし黒字。これは通りやすいです。

しかし収益性は悪い、担保評価は悪い、自己資金は無い。でも黒字決算。こんな会社に誰がお金を貸すでしょうか?

とにかく銀行の評価のシステムでどうやって稟議を上げるかを必ず担当者に聞いておきましょう。

信用金庫では基本的に「1億円まで支店決済」といいますが、支店決済の上が本部稟議です。本部の中でも担当役員、その上がブロック役員、そして専務案件。最後が理事長案件というのがあります。

信用金庫ではその状況によって、どこに決裁権があるのかは大事なのでヒアリングしていきます。ちなみに私の案件は、すべて理事長案件となり、時間はかかるのですが、支店長と内容を固めているのでだいたい通ります。

法人をつくると融資に有利

私は初心者によく「法人をつくりなさい」と言っています。そして、不動産投資を個人名義ではなくて、法人名義で購入することをオススメしています。

すると、「なぜなの?」という問いかけが返ってきます。そこで私がなぜ法人をつくったほうがいいのか理由を解説します。

個人で融資を受けて物件を買おうとすれば属性・年収・金融資産が基準になります。これらの基準を満たしている人なら何も問題はありませんが、持たざる者の選択はすごく難しくなります。

基本的にサラリーマン融資の上限は1億円です。「1億円も借りられたら万々歳では?」という価値観ももちろんありますし、高属性の人ならそれ以上の金額を借りられる可能性もあります。

しかし、みなさんは年収が2000万円も3000万円もあるわけではありませんから、そういう人たちこそ、法人をつくるべきです。

「今年の年収は1000万円でした」
「今年は個人事業主で収入売上は2000万円ありました。経費が1500万円なので利益は500万円です」

このようにサラリーマンの年収、個人事業主の確定申告、これはイコールなのです。法人で物件購入して家賃収入を増やして事業規模を大きくすることで、融資の上限が無くなっていきます。みなさんが仕事で稼いで残ったお金が、年収、確定申告にあたります。

まずはスタンドFMの「教えてバランスさん！　なんで法人作るの？」をぜひ聞いてください。詳しく解説しています。

銀行は個人にお金を貸したくない

法人をつくれば、売上から経費を引いた利益、これに対して税金を引いたのが当期純利益になります。この数字が今度は純資産のほうに移っていきます。これが、どんどんどんどん蓄積できるのが法人なのです。

そして、サラリーマンや個人事業主ですと、その属性以上に物件を買うことが難しくなっていきます。先ほども話した、限度額1億円もあります。

年収が1000万円や2000万円、3000万円の人も個人で買っていくと、1億円が限度になります。

「銀行は、よほどの資産家でもない限り、個人にお金を貸したくない」という概念を知っておくべきです。それでは、その属性以上に物件を買うにはどうしたらいいのでしょうか。

まず、100ページのPL（損益計算書）を確認ください。PLには、収益・費用・

利益が記載されており、企業における1年間の収益性・成長性などの経営成績を示す決算書です。

「PLでつくった利益から税金を引いた純資産に蓄えることができる」

これを頭に入れておいてください。ここは大事な部分です。

「今年は年収が700万円ありました」というのと、「売上が700万円ありました。利益200万円、税金を差し引いて、純資産120万円なりました」というのは大きな違いがあります。

法人をつくることにより、そのサラリーマンの属性にくわえて法人の属性も合わせて見てくれるようになります。

では、サラリーマンの年収が1000万円だけの人と、サラリーマンの年収200万円で法人の純資産が1000万円ある人とでは、どちらを銀行が喜ぶでしょうか？　年収２００万円で法人の純資産が１０００万円ある人のほうを喜びます。

属性が低くても法人を育てることにより、属性以外で勝負ができるようになります。ですから、「低属性・中属性の人が高属性の人に勝つためには、法人を育てる」、これが一番簡単なのです。

低属性・中属性の人が高属性になるのは難しいですが、これをリカバリーできるのが法人なのです。

これは私の見解ですし、私が今まで見てきたことの中での１つの回答だと思ってください。もちろん強制ではありません。

私はつくったほうがいいと提案しているだけで、今後は拡大しない、したくないという人は必ずしもつくらなくてもいいです。

金融機関は損益通算を見る

よくみなさんに言っているのが、「縦（損益通算）を横（貸借対照表）にする意識を持ってください」ということです。

サラリーマンや個人事業主は、この縦の指標と現金しか評価されません。

一方、法人の場合は、この横（貸借対照表）が重要になってきます。儲けた数字を蓄積できるのがこの横なのです。

例として、とある会社のPLを出します。100ページのPL（損益計算書）をご覧ください。これは、2023年の私の法人です。妻のも含めて3社あるのですが、資産管理法人です。

売上高が3900万円、販売管理費、販売費および一般管理費。いわゆる販管費（はんかんひ）が2700万円ありました。これが経費です。

営業利益が1200万円。3900万円から2700万円を引いたら1200万円です。その中で営業外収益や支払利息があり、「経常利益」というのが続きます。

そこから特別利益。これが売却したときに出る利益です。

特別利益は1100万円出ました。税引き前の当期利益が1900万円。法人税、住民税が7万円です。なぜ7万円なのかといえば、たくさんの繰越欠損があるからです。

これで当期純利益が1900万円です。これが損益通算です。損益計算書……いわゆる縦型です。

ちなみに、何が販管費になるのかも入れておきます。

これは資産管理法人なので役員報酬など、もろもろの経費をそれほど入れてありませんが、通信費・修繕費・水道光熱費、支払手数料があります。

この会社は2年くらい物件を買っていません。それは、また別の理由があって買っていないのですが。

「管理料」はご存知のとおり、私のもう1つの法人が管理をやっていますので、そこに支払っている管理料です。実質経費ですが私にとっては利益です。

管理料、地代家賃。それとリース料です。このリース料は、今私が乗っている車のリース料です。それと税金が470万円で、それなりに納税しています。

減価償却費は私たちにとって、ある意味で利益になっています。850万円の減価償却がありますが、毎年やっていることです。

PL（損益計算書）の例

損　益　計　算　書

自　令和 4年 1月 1日
至　令和 4年12月31日

株式会社尊翔　　　　（単位：　円）

科目	金額	
【売上高】		
売　上　高	39,383,437	
売上高合計		39,383,437
売上総利益金額		39,383,437
【販売費及び一般管理費】		
販売費及び一般管理費合計		27,065,865
営業利益金額		12,317,572
【営業外収益】		
受取利息	102	
受取配当金	400	
雑収入	308,371	
営業外収益合計		308,873
【営業外費用】		
支払利息	4,237,004	
営業外費用合計		4,237,004
経常利益金額		8,389,441
【特別利益】		
固定資産売却益	11,252,617	
特別利益合計		11,252,617
税引前当期純利益金額		19,642,058
法人税、住民税及び事業税		70,000
当期純利益金額		19,572,058

私の妻の場合

ここで実験的に行った法人融資のケーススタディを紹介します。

私は妻に会社の経理を担当してもらっているのですが、給与はパート年収で100万円を渡しています。

妻に、資本金30万円で合同会社を設立してもらいました。

その法人で何をしたのかといえば、現金で戸建を3戸購入したのです。

妻が法人に現金を貸し付けて、戸建の賃貸経営をして法人を育てました。法人を黒字にして納税をし、決算書を銀行が融資したくなるようにつくり込みました。

なぜそうしたのかというと、もともとは私の属性があるから妻の新規法人でも物件が買えるかと思ったのですが、うまくいかなかったのです。

1期を迎えていない状態で、そのときすでに戸建を3戸も持たせたのですが、融資を申し込んだら断られたのです。

つまり、私のバックボーンがあってもダメでした。金融機関から「ちゃんと、1期またいでください」と言われました。

そして2期目を迎えました。ちょうど物件がなかったのもあるのですが、1期目に物件を増やさず2期の決算書を持って融資をお願いしたところ、アパート融資を2棟で3500万円を借りられました。

この2000万円は保証協会の融資で、1500万円のほうがプロパー融資で受けることができたのです。逆に戸建を3戸所有しているだけの2期目の法人で3500万円のアパート融資が出たのです。

ここで大事なのは、決算を1期迎えていない法人はいかにバックボーンがあっても、銀行は融資しづらいこと。

もちろん、よほどの高属性で法人をつくれば融資が通るケースもあるのでしょうが、そうでなければ、まず法人を育てる感覚を常に持って欲しいです。

法人を早くつくれば決算書も早くつくれる

私が「秒で法人をつくりましょう！」と提唱しているのも、基本的にはここなのです。1秒でも早く法人をつくることにより、早く決算書をつくれます。

銀行にとって、その法人の指標というのは決算書でしかありません。決算を迎えてから半年後くらいに何かの融資を受けようとすると、「試算表を出してくれ」とよく言うのですが、試算表はあくまでも試算です。試算表は常につくれたほうがいいのですが、やはり決算書が大事です。

まずは1期を迎えなければ土俵にすら乗れません。

属性がよくない人は、まずは戸建を現金で買って1期を迎える。これだけで全然変わってきます。これをすぐにでもやって欲しいと私は思っています。

この際、「5棟10室」なんて事業的規模は全く関係ないので気にしないでください。

ただ法人として持っていれば問題ありません。

最初は個人で購入して、ある程度まで規模拡大したタイミングで、管理料やサブリースなどして法人に支払って法人を育てる方法もあります。

それこそ、「サブリースは今後ダメではないか?」とうわさされていますが、これは税務署が否定するかどうかの問題です。事例としては10%程度まで管理料は承認されていますので、そこを目安にするといいかもしれません（自己責任でお願いします）。


融資を受けて拡大するには、基本的には法人が必要不可欠です。ごくまれに例外の方はいらっしゃいますが、私の師匠も含め、全不動産投資家は法人だと思ったほうがいいです。

ですから規模拡大したい人は1秒でも早く法人をつくりましょう。これを知っているのと知らないのとでは雲泥の差です。私が大事にしていること。

「知識の幅は選択の幅」です。

知っていてやらないのも大事ですが、知らなくてやっていないのは罪です。

第4章

バランス大家流不動産投資
実践編　賃貸付

出口戦略は賃貸付けが8割

私の出口戦力の考え方は、売却＝出口ではなくて賃貸付けに注力することが出口です。

なぜ賃貸付けが重要なのでしょうか。

というのも賃貸付けで8割が決まります。つまり高く貸せれば高く売れる。シンプルです。ですから、いかに賃貸付けが重要かということです。

不動産の一番の問題点は空室です。どんなにいい物件を買っても空室では意味がありません。そしてできるだけ高く貸します。

アパートとちがい、戸建は値付けがある程度コントロールできるのが特徴です。正直、アパートはなかなか難しいですが、家具家電を付けたり、フリーレントにするなど差別化します。

とにかく、なるべく高く貸すのは大事です。そのための工夫として私がやっている差別化は、戸建に関していうと次の4点です。

- ・ペット飼育可
- ・多頭飼いOK
- ・追加費用なし
- ・初期費用ゼロ

私の戸建は基本的にすべて初期費用ゼロですし、ペットの多頭飼も可能です。ペットをプラスしても追加料金はいただきません。これをやれば戸建なら簡単に決まります。

ここまでやって相場の1・5倍で貸します。

私もよく耳にはするのですが、多頭飼いは物件をボロボロにされそうなイメージがあります。私は今戸建37戸中、夜逃げをされて家賃を回収できなかったのが1件あります。

それは私のミスだったのですが、契約していた保証会社が保証する、家賃滞納の限度額が家賃3カ月分だったのです。しかし、結果的に滞納と修繕で家賃の10カ月分かかり赤字になりました。

火災保険の家主特約や汚破損を付けておけば回収できたのですが、なぜかその物件だけは付けていなかったのです。ですからペットによる汚破損をカバーできる保険にもちゃんと入りましょう。

入居者の保険、オーナーの保険、そして保証会社。この3つに退去時の保証をかけて1.5倍の家賃で貸します。

もちろん仲介会社さんに仲介料を払う分は、先にお金が出てしまいますが、いかに早く客付けするのかが先決になります。

このとき解約違約金は必ず設定してください。私の場合は2年未満で2カ月、1年未満で5カ月の解約違約金をいただきます。

このように解約違約金は厳しめに設定しますが、更新料は大家負担にします。これは私が賃貸の管理部長をやったときに、痛感したことです。

お客さんが退去するタイミングや、家を買うタイミングがあるのですが、そのときに言われるのが「今度の3月で更新だから、それまでに引っ越すか家を買いたい」です。

なぜなら「更新料を払いたくない」という方が非常に多いからです。

私たち売買営業はお尻が決まったほうが営業しやすくていいのですが、そういうネガティブ要素を取り除くと、更新料というのが1カ月分ですから、それをこちらが払ってでも居てもらったほうがいいです。

リフォーム費用に入居付の費用もかかるなら、こちらで更新料を負担してあげたほうが割安です。まさに「損して得取れ！」です。

とはいえ、ファミリー物件やペット可の物件は、なかなか入居者が退去しません。なぜなら、ペット多頭飼いを一般のオーナーさんは嫌がるからです。

大家さんと我々不動産投資家は違うのですが、大家さんは自分の家が傷むのを嫌がります。

私たち投資家は投資判断で、傷んでも収支が見合えば貸せます。つまり需要と供給でいうと、供給が足りていないからです。このような物件の絶対数が少ないのです。

ですから私は、階段150段の上にある戸建にも賃貸付けができます。私の柔軟さに勝る大家さんは絶対にいません。

逆に、これはワンルームではできません。賃貸市場に出回る数が少ない戸建だからできる差別化です。こうしてカンタンに利回り20%、30%の物件ができあがるのです。

購入価格は家賃で決まる

購入価格は家賃で決まります。利回り10%で買って、後に倍の価格で貸せれば利回り20%です。

それを利回り10%で売れば、それだけで儲かります。このように不動産はとてもシンプルなビジネスです。繰り返しになりますが、そのためにはいかに高く貸すか。もちろん早く貸すのも大事です。

逆に購入時の査定のときは、最も安い家賃査定をします。

私はよく「準備は悲観的」「行動は楽観的」といいます。

購入時には悲観的な査定にして、実際の賃貸付けは楽観的に高い値段で貸すのです。そうすると利回りが勝手に20%、30%になっていきます。

この悲観的査定のコツは、ネガティブ要素をきちんと明確に捉えることです。初心者はこのリスクの見積りが甘いです。

たとえば擁壁のリスクも知りませんし、境界が抜けていたときのリスクも知りません。ですから、「このリスクの分だけ引けば、このくらいの値段です」と、いかに言語化できるか。これも初心者には難しいです。

安いからこのようなリスクがあっても買ってしまう考え方もあります。しかし、何をもって安いのかが難しいのです。リフォームに関してもそうです。

心配性になって安ければ安くしてしまうほど、逆にそんな値段では売れなくなってしまうケースもあるわけです。「これなら買ってもいい！」という物件が見抜けなかった場合もあります。

見る目がない場合、どうしていけばいいのか？

最悪、「自分ならいくらで賃貸付けできる！」というのを明確に持っていれば、その金額で買えばいいだけです。その金額からいかに＋α（アルファ）の家賃で貸すかは、そのあとの努力になります。

戸建の神髄としていい事例があります。先日、とある投資家さんが「１０００万円の戸建を100万円で買った」というので、我々の界隈でもざわつきました。しかし、実は100万円の価値しかない戸建が1000万円の値段で売られていたケースもあります。

モノの価値を誰が決めるのか。価値を決められる場所にいるのが大事なのです。これがいわゆる上流、川上です。

ひと口に戸建投資といっても、いろんな手法があります。私のように担保価値を求める人は実は少数派です。

「とにかく安けりゃいい！」という、雨漏りしようが屋根がなかろうが何もなかろうが、ただとにかく安く買うことだけに注力する考え方もあります。

またリフォームに対しても、ちゃんと直す人もいれば何もしない人もいて、いろんな価値観があります。

ですから、その1000万円の物件に対しても「いや、これ100万円の価値ですよ」と反論する人がいれば、「何か他とは違う価値を見つけて1000万円なんだ」と主張する人もいます。それぞれの価値観です。

そもそも不動産は一物一価ではないので、いろんな値段をつけることができます。どのポジションで話して、それを説得できるかどうかです。しかし、それらを料理さえできれば何だっていいと思うわけです。

たとえば屋根や壁がなくても、「それでもいい」という人を見つけて貸し出すことができればいいのです。

もしくは屋根や壁を「自分でつくれます！」でもいいかもしれません。「全部つぶして新しくします」でもいいかもしれない。もちろん収支が合えばです。

ですから正解が1つではありません。特に戸建は実需までターゲットになるので広がりが大きいです。だからこそ、賃貸付けで8割が決まるのです。

家賃が8万円なら、売値960万円が利回り10％です。「10％なら買ってもいい」となればそれで買えばいいし、利回りが20％ないとダメなら500万円で買えばいい。賃貸付けさえ、金額さえ決まれば、あとは利回りをどれだけ追求するかの話です。

リフォーム費用は150万円まで

家賃について賃貸付けに大事なのは、リフォームにいくらかけるのかです。最重要視しているのは、150万円以上のリフォーム費用をかけないこと。これは私だけのルールです。

古い家をピカピカにして、入居者から人気のある設備を全部付けるなどすれば、あっという間にリフォーム費用が跳ね上がります。

キッチンやバスルームなど住宅設備の入れ替え、場合によっては間取り変更など、200万円、300万円、350万円、400万円といくらでもかけられます。

では150万円かけたものと350万円かけたもので、家賃がどのくらい変わるのかというと、家賃はせいぜい1万円か2万円のアップです。リフォーム代を200万円も高くして、2万円で回収するのに計算すると8年もかかります。

ですから、私は最低限の表装リフォームで済ませます。具体的には壁と床で、設備までいじって150万円までです。

もちろんエリアによっては買える物件の延べ床面積が300平米もあったり、逆に大阪の安い文化住宅だと30平米しかなかったりします。

300平米だから倍の300万円をかけたとしても、倍の家賃で貸せるならいいのですが絶対に無理です。それならDIYをやるしかありません。

たとえば家賃3万円以下の物件は買ってはいけない。「原状回復のためのリフォーム費用が家賃以上になってしまう」、そのようなルールを作っている人もいます。

しかし私は結局、「利回りが何%欲しいか」の判断だけだと思っています。ですから、どうしてもリフォームが必要になった場合に、リフォームを引いた分の利回りで物件の価格を買うべきです。

そのなかで私の指標としてはリフォーム代150万円ということです。過去にそれ以上かけても費用対効果が悪いケースが多かったからです。

リフォームは仲間に相談する

では、どのようにリフォームを安くしたらいいのでしょうか。素人が一から地元の業者さんを開拓して、価格交渉するのは難しいです。そのエリアの先輩大家さんに紹介してもらうのが一番早いです。

関東圏の方であれば、私の運営する「関東大家の交流会」に来てみんなに聞けばいいでしょう。無料のオープンチャットですが、たまに「この見積りは適正ですか?」とみんなで確認し合っているので勉強になると思います。とにかく仲間がいるところ、生きた情報が拾える場所に行くのが大事です。

無料ですから、そこにまず入ることをオススメします。社交的な方であれば、自分で交流会を開くのもいいでしょう。そしてオフラインで行うセミナーに参加して、いろんな人と交流してもいいと思います。

YouTubeの活用

ＹｏｕＴｕｂｅは戸建投資家にとって効果の大きなメディアですが、意外にも実行に移している人は、ほとんどいません、自分のチャンネルを持っている方も少数です。

・内覧希望者に事前に見てもらう

必ず内覧希望者には事前にＹｏｕＴｕｂｅを見てもらいます。案内の動画を見て借りたかくなったら、内見できる第1弾の踏み絵になっています。

後述しますが、ジモティーからの問い合わせはドタキャンが多いです。「まずはＹｏｕＴｕｂｅを見てください！」と物件紹介のＹｏｕＴｕｂｅ

【客付けのYouTube活用法】

内覧希望者に事前に見てもらう
少ない案内回数で決まる
見ずに決まることも

動画で案内したところ、おかげで私の手間もずいぶん減りました。

そもそもＹｏｕＴｕｂｅの目的は業務の効率化です。戸建は特にそうですが、道が入り組んでいるケースが多いです。ですから物件までの道のりと物件の中を撮ります。

メリット・デメリットはその場で話したほうがいいです。たとえば、「１５０段の階段がある」というデメリットなどです。

私は営業マンのとき、お客さんからよく誉められたのが、「メリットだけでなくデメリットをもよく教えてくれる」ということです。

もちろん私だって良いことばかりを伝えたいですが、現場に行かなければわからないデメリットがあります。それをなるべく事前に伝えました。

私が階段をハーハーと息を切らしながら上って、「家に着くまで階段が１５０段もありますよ！」とスマホで撮ります。

室内なら「太陽光が全然入りません……」「お風呂場はバランス釜です」と、そこでちゃんと伝えます。そこで話を盛ることはしません。

実際に住んで、「えーっ、動画とちがう！」とギャップを避けるためです。

ただ、デメリットはあるけれど、メリットもあることを必ず添えています。「階段が150段もあるけれど、ペットをたくさん飼ってもいいです。人が通らないから犬が鳴いても大丈夫です！」と。

それは本来ならば営業マンの仕事ですが、そのようなこともやっていました。これを今は私に代わってＹｏｕＴｕｂｅ動画でやっています。

かつて私が案内をしていたときに「階段が150段もありますが大丈夫ですか？」と確認して「大丈夫です」と返事をもらい現地まで案内したのに、断りの文句が「階段が……」と言われたときは頭から血がのぼりました。

私は面倒くさいことが大嫌いですが、営業マンなので「やはり会って営業をしなければ」とどうしても思います。

結果的には物件が営業してくれるので、私が何も言わなくても、「借りたければど

Youtubeで物件紹介

うぞ」というスタンスです。

YouTubeの案内動画はそのための差別化に役立っています。借りる人はちゃんと動画を見て納得してくれて入ってくれています。

・少ない案内回数で決まる

そんな人ばかりではありませんが、「ジモティー」のお客さんはいい加減な方が多いと聞きます。

とくに家賃の安い物件に来るお客さんに対して、そのような話を聞きますが、私の所有する物件の家賃はそんなに安くありません。

とはいえ、私の経験からすると、「ジモティー」で10件の反響があれば、意思の疎通ができるのが半分の5件くらい。そのうち3件が内見を希望されます。

そして当日になると、事故など何らかのトラブルに遭って来られないのが2件。ちゃんと来られる方が1件だけです。

私は1年間で戸建20戸を買ったとき、全部自分で案内をしたのですが、あまりに内見にくる人が少ないため、頭にきてＹｏｕＴｕｂｅ戦略を思いついたのです。

そうすると本当に借りたい人しか来なくなり、つまり少ない案内回数で決まるわけです。

・見ずに決まることも

実際の物件を見ずに契約して、住むときに初めて見る人もいました。私としてはとても楽です。

ただ、そのような場合は、１週間以内に「何かがおかしい」「聞いてなかった」など連絡が来ることが多いです。でも「先に動画で伝えていましたよね」と反論ができます。


自分で賃貸付けをしている人の中には、入居希望者が希望を出せば内見と同時に家賃保証会社の審査をかけている人も結構います。

お客さんが動くと同時に審査もかけるため、内見が終わったころには審査の返事が来ている場合もありますので、それが一番早いです。可能なら、それくらいのことをしたほうがいいです。

・ＹｏｕＴｕｂｅ活用の注意点

私の場合は業者で営業経験もあり、一般の人よりも経験値が多いです。初心者の方もＹｏｕＴｕｂｅの活用をやる場合は、仲介店に頼むより、最初は自分でやったほうがいいです。そうすると、自分の物件の善し悪しがわかります。

やはり営業マンにはやらされ感が拭えません。自分がどうやったらお客さん目線になって決まるのかを真剣に考えて、良いところも悪いところもコメントに残します。

これを不動産で活用する際に気をつけたいのは、ＹｏｕＴｕｂｅでは顔と声を出さず、個人特定を避けたほうがいいでしょう。私自身は動画に出ていますが、女性は顔だけでなく声もやめておいたほうがいいです。そこは気をつけましょう。

顔を出さなくても動画は撮れますし、コメントを文章で打ってテロップで出すこともできます。

なお契約は自分でやるのか、それとも仲介店にお願いするのかは、その人が自分でやりたいのか、仲介に任せたいのか、人によって分かれると思います。自主管理の人は全部自分でやります。

ハードルが高いようであれば、管理会社に手数料を払って、送客と内見対応をお願いすることもできます。

いくら自分で集客したからとはいえ、最後まで付き合うことはなく、途中から契約だけ仲介店に頼むこともできますし、管理会社に送る選択肢もあります。「お客さんに動画も見せて、もう借りたいと言っているから内見対応をお願いします」と仲介に振ればいいのです。

・売却でも活用できる

撮影した動画は、客付けだけでなく売却のときにも使えます。

室内の動画を見せて「このようにリフォームをしてありますよ」と伝えれば買主さんにも安心してもらえます。

これはお金もかかりませんし、絶対にやっておくことをオススメします。ＹｏｕＴｕｂｅに投稿することに抵抗があるということであれば、動画だけ撮っておけばいいです。

そして、売却を依頼する営業担当に「この動画を使ってください」と託すのもいいでしょう。

とくにサラリーマンの方でＹｏｕＴｕｂｅに動画をアップしたことのある人は少ないです。慣れていない方こそぜひ、このようなＳＮＳにも触っておいたほうがいいです。アップの仕方はすごく簡単です。

ＹｏｕＴｕｂｅの画像を入れてプラスのボタン押して動画をアップするだけ。もしくはパソコンならドロップインすれば勝手にアップしてくれます。

ジモティー攻略術

ジモティーはご近所掲示板で不動産にかかわらず、いろんな情報が載っている無料サイトです。「どういう文言を記載したらお客さんが来るか」というリサーチにもなりますから、自分でやってみることをオススメします。

なお、ジモティーには、「借りたい人は連絡ください」「ご質問があれば連絡ください」と書いて、前項で解説したＹｏｕＴｕｂｅのＵＲＬを貼っておくのが一番ラクです。

・「今すぐ入居したい」には注意！

なおジモティーの問い合わせで、「こんな人は相手にしてはダメ！」という例があります。

元仲介営業マンとしては、早く入居したがる入居希望者を警戒します。ドタキャンくらいはいいのですが、「今すぐ入居したい」という問い合わせは要注意です。

入居を急ぐケースは前に借りた部屋の家賃を滞納して追い出されている可能性があります。このような訳アリの入居者は年末に多く見られます。

私自身は、入居申込書に書かれた理由の整合性を確認して入れていましたが、リスクがあるため初心者にはオススメできません。

性善説で動いていると痛い目を見ますので、疑ってかかるようにしましょう。

私はあまりしませんが、初心者の方は必ず名前をネット検索してください。もしも犯罪者や前科があれば、名前が出てきて、人となりが判明する場合もあります。

ジモティーを使う場合は、自身で契約までをせずに、仲介会社を入れて「保証会社の審査に通れば入居可能」とルール付けてもいいでしょう。

・家賃保証会社は必須

とにかく保証会社は必須です。審査がゆるい家賃保証会社で審査が落ちた場合、連帯保証人を入れて入居してもらう方法もありますが、ほとんど滞納が始まります。

先日私が、入居付けした人は、簡易宿泊所に泊まっていて、住所がない状態でしたが生活保護を受けることが決まりました。そのような人でも保証会社は通りますが保証料は割高です。

私としては、190室分の1なのでリスクとしては大きくありません。しかし初心者の方は、このような人を受け入れて万が一トラブルでもあれば、そこに足を取られるので気をつけましょう。

今100室を持っている人と10室を持っている人、1戸しか持っていない人とでは、その重さがまったく違います。

トラブルが起こると自分の心の安寧が崩れてしまいます。それが崩れない程度の人を入れたほうがいいと思います。リスクがカバーできるように保証会社は必須で、入居者保険もきちんと入るほうがいいです。

厄介だったのは、外国人かつ通訳がいるケースでした。

通訳がいることで安心していたのですが、通訳者とは話が通じませんでしたし「申し込みする」と言っていたのに、結局は当日に契約をキャンセルすると言い出したのです。

これは外国人差別ではありません。言語が通じない、つまりコミュニケーションがとれないということは、後々になってトラブルに発展する可能性があります。言葉の通じない入居者には気をつけたほうがいいしょう。

・あらかじめ質問の答えを書く

あとは、なるべく質問が来ないよう、ジモティーの投稿に想定される質疑をあらかじめ詳しく書いておきましょう。

ジモティーの場合、「保証会社はどこですか?」という問合せが多いです。ですから「保証会社はどこどこです」と書いておいたほうがいいです。また、「入居は何日以内なら可能である」と書いておけば手間がかかりません。

ジモティー掲載例

♪動画有り☑京急杉田駅徒歩５分！！！初期費用完全０円！ペット室内多頭飼育可能！追加費用一切なし！大人気シリーズの登場です！

98,000円

投稿ID：msh19　　投稿日時：2021-01-30 10:29:13

住所　神奈川県 - 横浜市 - 磯子区 - 杉田
京急本線 - 杉田

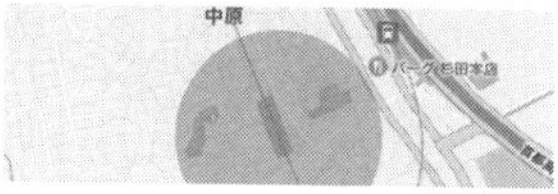

再投稿　編集　受付再開

弊社貸主シリーズ　最新情報です。

珍しく横浜市の物件となります

動画はこちら！　https://youtu.be/Y319Xfg3LS8

なんと、京浜急行杉田駅徒歩5分、ペット室内多頭飼い可能、勿論初期費用は一切かからず、家賃のみで入居可能な４ＤＫの2階建て貸し戸建ての登場です。

車は軽自動車が止められますが、前の家の方と少し場所が被るので、駐車場無しとさせて頂きます（バイク等は問題なくおけます）

お問い合わせお待ちしております。

住所は途中までのお伝えとなります（横浜市磯子区杉

再投稿　編集　受付再開

第5章

戸建投資から一棟投資へ

小さく産んで大きく育てよう

「小さく産んで大きく育てよう」という考え方は人にもよります。

事業失敗するケースで多くみられるのが、最初から自分がとれるリスク以上のビジネスをしてしまうことです。

もちろん、世の中には最短で億を稼ぐ方、多法人で100億円以上の融資を引く方もいらっしゃいます、そのような方を目指している方は、この本は今すぐ閉じてメルカリで転売してください（笑）。

一般のサラリーマンであれば、自分がとれる小さなリスクから始めて徐々にリスクを大きくしていきましょう。

私は本来怖がりです。自分が致命的ダメージを受けない金額で投資を始めて大きくしていきました。

そのため初期は小さな戸建から始めて、2023年には3億円のRCを購入することができました。まさしく「小さく産んで大きく育てる」を実践しました。

ひと通りノウハウを学んだら、次にどうやって進めていくかが重要です。今この答えが正しいかはわからないのですが、考え方としては、いきなり1億円や2億円の物件はみんな怖くてなかなか買えません。いろんなリスクもあるし、自分がリスクを許容できないケースもあります。

前述したように、私は家賃収入が6000万円を達成するまでは、5000万円以上の投資はしていません。私がやっていた投資は完全に戸建に特化して、500万円以下の戸建を地道に購入してきました。

小さく小さく、ホームランやヒットを打つのではなく、ひたすらバントを繰り返していたのです。そして、少しずつ点数を入れていくようなことをやっていきました。

そんな私が戸建から一棟にシフトするきっかけは、2021年に家賃年収が6000万円になったときです。そのタイミングで、初めて1億円を超える投資をしました。

購入したのは1億5000万円の物件でしたが、そのときはサンタメで購入したので自己資金を使わずフルローンが出ました。

サンタメとは正式には「第三者のためにする契約」といい、AがBに不動産を売却したのち、BがCに転売する際に、「A→B→C」へ所有権移転登記をせず、「A→C」に直接所有権移転登記を行います。サンタメで暴利をむさぼる悪徳な業者もいますが、違法ではなく合法のスキームです。

その前の年、1年間で戸建を20戸とアパート3棟を買っているのですが、それだけ買って年間2200万円も家賃収入が増えました。

一方、その1億5000万円の物件を買ったときに利回り15%。1軒だけで2200万円になったのです。ということは買えるステージに来たから、なるべく大きい物件を買っていこうとシフトしていきました。

そうすると、今度は銀行さんからは諸費料1割を求められたので、現金が必要になりました。

そこで、売れるものは売っていきました。当時、私の師匠の木下たかゆきさんに、「物件は棚に乗せなければ売れるかわからないから、すべて物件を市場に出しなさい」と言われて、少し高値でレインズに流したところ、どんどん売れて自己資金を作れることができ、物件を買うことができました。

家賃収入1億への道には、売却が必要です。前半は戸建で小さく育てて、中盤から売却を絡めていきます。

その際の注意事項ですが、繰り返し売買すると宅建業法違反になるので、売却のタイミングになったら、宅建業の免許を取ることをオススメします。

その際は、ぜひ鳩マーク（全国宅地建物取引業協会、通称「宅建協会」）にお願いします。なぜなら私が神奈川県宅建協会横須賀・三浦支部の役員だから。これは宣伝なので、軽く流していただいて大丈夫です。

少しだけ説明させていただければ、宅建協会は日本で最大の会員数を擁する不動産の業界団体です。

宅建業の免許を取ればレインズが利用できますし、宅建協会に加入すれば、使える書類のテンプレがたくさんあり研修も充実しています。何より横のつながりが強いので仕入れルートがつくれます。

宅建業者になったからといって、他人の売買仲介や賃貸仲介にかかわらなくても大丈夫です。自社の物件の売買だけで業者になっても何ら問題はありません。

初めての戸建投資

ここからは、私の小さな不動産投資から大きな投資に成長したストーリーをお伝えします。初めて購入した戸建は横須賀市のハイランドに土地89㎡、建物43㎡、2㎡くらい建ぺい率オーバーでした。間取りが2DKで、価格500万円、リフォームに200万円かけました。銀行担保評価は500万円くらいです。

これまでに私は50件以上買っていますが、初めてレインズから買っています。「業者さんでレインズを見られるからいいよね」と羨ましがられますが、私がレインズの情報で買ったのはこれだけでした。

買った理由は、隣の土地が角地で大きかったからです。将来的に隣地を買って更地にして、2区画に割ろうというプランでした。まだそのときは実需の仲介の考え方をしています。利回りなどはまったく度外視で、わけもわからず買いました。ちなみに、私が所有する戸建の中で一番低い利回りです。

初めての戸建

2016年5月購入
住所　神奈川県横須賀市ハイランド
昭和47年築　木造
間取り　2DK
賃料　43,000円
価格　500万円　　リフォーム費用　200万円
表面利回り　7%
銀行担保評価　500万円
超利回り（リカバリー有）

戸建投資に目覚めたきっかけ

続いて戸建に目覚めた物件を紹介します。これは横須賀市の武（たけ）です。たまたま再販用に土地99㎡、建物68㎡の戸建を300万円で買って、土地として売却しようと思ったのですが、試しに賃貸と売買の両方で出しました。この武は私の地元ですが、横須賀市で一番辺境な町で、しかもバス便でも家付きの土地です（当時の私は不便だと思いませんでした）。

そのバス停までも遠いし、前面道路が私道です。そんな物件でしたが、いざ出してみたらとても反響があり、内見希望が10件くらい来たので驚きました。私は今でも内見対応をしています。

もともと私は賃貸業の仲介の営業をやっていましたから、賃貸の難しさが身に染みてわかっていました。しかし、戸建は仲介の営業も必要ありません。

これで何をしたのかというと、前述した「ペットの多頭飼いＯＫ」です。本当にそれだけをやったら大きな反響がありました。需要と供給でいうと、ペットの多頭飼いが可能な物件の供給が圧倒的に不足しています。

これには１つ理由があります。私が業者として賃貸仲介に入る際、大家さんに対して「戸建でペット可にすると必ずお客さんが付きますよ！」と提案するようにしています。

しかし、必ず「嫌だ！」と断られます。なぜならペットに壁を引っかかれたり、床をオシッコで汚されたりするからです。自分の物件に愛着があるからこそ、「ペットを飼うなんてとんでもない！」と猛反対する大家さんが多かったのです。

反して我々投資家は、物件は投資対象ですから愛着がありません。ペット可にしたところ、非常に大きな反響を得て、これをきっかけに目覚めました。ですから私の戸建はすべてペット可です。

戸建賃貸に目覚めたきっかけの物件

2019年1月購入
住所　神奈川県横須賀市武
昭和52年築　木造
間取り　4DK
賃料　55,000円
価格　300万円
表面利回り　22%
銀行担保評価　600万円
肝：賃貸売買両方 （2022年売却650万円インカム132万円キャピタル330万円）

初めての1億超えの物件購入事例

私は2021年までの物件が、すべて5000万円以下の投資を心がけ、リスクも極力減らし戸建投資をメインに資産形成をしてきました。当時、賃収で6700万円くらいあり、すべて売れば1～2億円くらいつくれるステージまで来ました。

そのタイミングで初めて1億5000万円、利回り15%という物件を買いました。これは一般に出回っていた情報で、楽待の資料を見て買った物件です。

もともとは2020年の年末に1億7000万円で売りに出ていました。利回り12～13%くらいです。欲しくなりましたが一瞬で楽待から消えてしまいました。あきらめかけていたら、また3月に安くなり1億5000万円でレインズに復活していたので、すぐに買いました。

JR横須賀線の衣笠駅からすぐそばにあり、7階建てで上の部分がレジ(居住部分)、下の3階までがテナント(店舗)です。

2階に入っていた飲食店がすでに撤退していました。コロナ禍に買っているので大型店舗は入らないだろうと判断し、その2階をトランクルームにしました。

この物件の売主さんは、私の衣笠の事務所から徒歩5分のところに住んでいました。そして謄本を見たところ私のメインバンクと同じ、かな○○信用金庫（仮称）で借りていることがわかったのです。奇遇にも担当者まで同じで話が早かったです。

ただ残念なのが、私は衣笠、売主も衣笠、信用金庫も衣笠でありながら、都内の業者がそこに三為契約（サンタメけいやく・第三者のためにする契約を用いての転売）で入ったことでした。担当者から探りを入れてもらって聞くと、5月に1億2000万円で買っていたそうです。

1億7000万円で売りに出したところ買付が入り契約まで進んだけれど、ローンが白紙になり、再度1億5000万円にして売りに出したという経緯でした。

かなり買付が殺到したそうですが、そういう流れと近所というよしみも手伝って、手付金100万円で契約することができました。そのかわりローン特約はなしでしたが、最悪でも手付を放棄すればいいと判断しました。

結局、フルローンが出て融資期間25年で組みました。敷金が300万円くらい入ってきたので登記費用はこの300万円をそのまま使い、手出し0円でこの物件を買えました。当時は2階が空室でしたが、これで家賃年収が8500万円になりました。

初めての1億円物件。まさかのご近所サンタメ、手出し0で購入

2021年購入

住所　神奈川県横須賀市

7階建て平成7年築重量鉄骨造

間取り　テナント4室、ワンルーム4室、2LDK8室

価格　1億5,000万円

表面利回り　15%

融資期間　25年　フルローン

インカム毎月100万円　保有中

2022年 売却へ舵を切る

私は2022年までほぼ売却をしていません。

当時、私の師匠のジャイアンこと、木下たかゆきさんから「今が売りどきだから商品を市場に出しなさい」とアドバイスを受けました。

商品を棚に並べない限り売れないので、いざ出してみると……。

自宅と区分2戸、戸建1戸、アパート2棟が売却できて、あれよあれよという間に、1億円のキャピタルゲインを手にしていました。

【2022年売却物件】

区分2戸
戸建1戸
アパート2棟
キャピタルゲイン4,000万円!!

8,500万円で売却できた物件

2018年購入
住所　神奈川県横浜市旭区
昭和54年築RC造
間取り　テナント5室
価格　3,950万円
表面利回り　17%
銀行評価　2,500万円
2023年売却　8,800万円
インカム1,500万円　キャピタル4,800万円

家賃収入1億円を達成！

売却益を得た後、2022年の3月に横浜市の金沢区で、初めてワンルームのレジ物件を購入しました。

融資を9割受けることができたため、自己資金は1650万円です。諸費用1000万円で、この物件を買ったところで賃収1億円を達成しました。今まで私はワンルームを持っていませんでした。

この物件は総事業費1億6500万円で利回り8・7%あります。信金さんから「社長に紹介したい物件があります」と教えてもらった物件です。「もちろん場所は知っています。ぜひ欲しいです！」と答えるや、その夜に支店長から電話があり、「明日にでもこの物元（ぶつもと）に行きましょう！」という運びになりました。

家賃収入１億円を達成した物件

2022年3月購入
住所　神奈川県横浜市金沢区
間取り　ワンルーム27室
総事業費　1億6,500万円
価格　1億5,800万円
表面利回り　8.7%
借入　総事業費の9割　1億4,800万円
自己資金　1,650万円

藤沢や鎌倉界隈で有名な仲介会社が物元でした。

さっそく翌日に支店長と担当と私でアポを取り、指値交渉をしたのですがダメでした。それでも支店長は、その場で融資部の審査部に「物件評価を出してください」と電話をしてくれました。

支店長も「これは絶対に出します。ただ、自己資金を1割入れてください」と言われたので、売却で得た現金を使って融資を無事つけることができ、お陰でいい買い物ができました。

これを買ったことで家賃売上1億円を達成したのです。

最後に紹介するのは3億1500万円のファミリー物件で、横須賀中央駅から徒歩7分の平坦地でした。ここはめったに土地が出るような場所ではありません。

もともと地元のしっかりとした建設会社の当時の社長が、奥様向けに建てられたそうです。諸費用も含めて5000～6000万円の手出しはあります。許可を得たら見学会をしようと思います。

■2024年6月1日現在 所有件数・売上
戸建37、アパート13棟、テナントビル2棟
RCレジ2棟、重鉄3棟、区分3室
CP保有8台 CP転貸9台
55物件190室トランクルーム53室
家賃売上1億5000万円　CF6000万円
予定含む14000万円
最高利回り128%（借地テナント）
最低7%（戸建）

2023年に購入した3億円超の物件

2023年6月購入
住所　神奈川県横須賀市
平成元年築　RC造
間取り　ワンルーム13室、ファミリー27室、テナント1室
価格　3億500万円
表面利回り　22%
銀行評価　2億円　融資額3億円
評価が伸びなかった分、共同担保で10件 （2番抵当5件・無担保物件5件）を入れてカバー

第6章

成功への実践法則
幸せの掴み方

事業は目的でなく手段

不動産賃貸業、不動産投資業は目的ではなく手段です。読者のみなさんの目的は「幸せになるため」です。不動産投資ばかりにかまけていないで、家族にもちゃんと還元してあげましょう。

しかし実際のところをいえば、不動産投資には時間や労力がかかります。

投資基準に満たす物件を買うのはカンタンではありません。

とくに安い戸建はライバルが多く激戦だから猛ダッシュで買いに行ったり、情報収集をしたり、仲間と情報交換をしたり、勉強したりを本業の仕事をしながら行います。するど、家族と過ごす時間がなかなかとれません。

これは大事なことですが、初期のフェーズだと家庭は疎かになりがちです。

ここで生まれるのが「奥さんブロック」です。この奥さんブロックがなぜ生まれるのかというと「情報の差」です。

ご主人だけがたくさん勉強をして、「このようになりたい！」と動くのですが、奥さんがそれを知らなければ、「育児もほったらかして何やってんの！」と反感を買ってしまうだけ。ですから、自分が学んだことは必ず奥さんにも伝えてください。つまり、奥さんにアウトプットするのです。


一番大事なのが奥さんの理解です。これを頑張ることが重要です。

「このようになりたい！」というビジョンを見せてあげて、「そのためには今が大事だから頑張りたい！」と、きちんと奥さんに話をするのです。


「奥さんが全く聞かないんです……」と言う人もいます。男の人の場合はＥｘｃｅｌとにらめっこばっかりして、「そんな数字の羅列を見せられても！」とうとまれます。逆に女の人が不動産をやっていると、今度は旦那さんが理解しないケースもあります。

女の人の中には理路整然ではなく、感情のおもむくままにしゃべることもあります。それを男性側からすると、「何を言ってんだ？」という頭脳の違い。それこそ意思疎通ができない問題は各家庭であるでしょう。

まず、配偶者すら説き伏せないのなら、銀行に説明なんかできません。一番いいのはお互いに体験させること。このような大家の会に一緒に行ってみるのもいいでしょう。ちなみに私の運営するコミュニティでは夫婦割引もあります。

もう1つは「ともに行動すること」です。

Ｚｏｏｍセミナーなどは必ず夫婦で受けるようにしてください。ただ急にはできませんから、なるべく2人で行動することを初期のころほど心がけて欲しいです。とくに男性にありがちなのが、「この本が良かったから奥さんにも読ませろ」と言われたので、右から左へ「お前読んどけ」と言って渡すだけではダメです。大切な配偶者に対しての本の要約チャンネルになることです。かいつまんでわかりやすくしゃべってあげるのです。

とくに小さな子どもがいるご家庭では、ゆっくり本を読む時間もありません。それをご主人が寝る間を削って本を読み、要約して奥さんに伝えてあげればいいでしょう。繰り返しになりますが、一番の理想は行動を夫婦で共にすることだと思うのです。

私のLINEオープンチャットなら無料です。「ちょっとこんな質問してみようか」というのを、夫婦で考えてみてください。とにかく一番低いハードルから夫婦で乗り越えていくのが一番の近道です。どうか2人で学びましょう！

家庭円満の秘訣

お金があって大成功しているからといって夫婦円満とは限りません。奥さんからすれば、お金をいっぱい稼いでくれれば、家にいないほうがいいのかもしれません。ですから一緒にいるのが幸せとは限らないのです。

あくまで不動産投資は手段であり、それなのに目的と手段が逆になって、モチベーションを上げるために、目標に対してすごく頑張る人が多いです。

恐らくそのほうがやりがいはあり、数値化されて気分が良かったり、わかりやすかったりします。そこに向かって走っていくことに対して、やはり家族の理解が必要になります。

たとえば不動産投資のことは理解できるけれど、数字に向かっていくところが理解できない。そのため、「そんなに規模を大きくしなければダメなの?」「アパート3棟じゃダメなの？」となります。世の中にはアパート3棟でもいいという本もあるわけですから。

目標値が離れていったり、一緒に始めたものがズレていったり。多くは目的と手段が入れ替わって起こる気もします。

規模拡大を追いかけていくところに面白さを感じている人もいるように見えます。しかし、経営者の器以上に事業は大きくなりません。

規模を求める人は、自分の器を大きくしていけばいいだけです。

器を大きくして奥さんとも一緒に学び、「このような規模まで達成できたら、このような暮らしができるよ！」と見せれば、奥さんも協力的になってくれるでしょう。

私は年間の3分の2を学びの場へ出かけているため、よく「家に帰ってるの？」と聞かれます。他人の家庭の事情をどうしてみなさん気にするのでしょうか。安心してください。月に5日は帰っています。

これが多いか少ないかは別です。週に1回は帰っていると思っていただければいいでしょう。それでも家族は非常に円満です。次の項では家庭円満の秘訣をお伝えします。

成長するための選択とは？

私は経験に対して積極的にお金を使っています。

これはビル・パーキンス著『DIE WITH ZERO 人生が豊かになりすぎる究極のルール』（ダイヤモンド社）から学んだことです。

- ・人から成長させられるパターン
- ・自ら成長するパターン

必ずやっているのが「経験したことある・経験したことない」の2択であれば、経験したことのないほうを選んで、「簡単なのか・難しいのか」であれば、難しいほうを選びます。それを私は仕事でもプライベートでも徹底しています。

それによって何が得られるのかといえば、自分自身が成長して、能力が上がるからです。これは私がよく話していることですが、人が成長するパターンは次の2つあります。

多くのサラリーマンの方々は、会社からノルマを与えられるのを好むため、「人から成長させられるパターン」になるのですが、不動産投資において上司はいません。とくに我々のような経営者はどちらかというと、自分でキャパシティをどんどん広げて勝手に仕事を詰め込んで能力を上げていくタイプです。つまり「自ら成長するパターン」です。

後者のタイプが自らキャパを増やしていくためには、経験していることと経験していないことだったら、経験していないことにお金を使う。難しいことと簡単なことがあれば、難しいほうを選ぶ。これを続けることによってキャパシティが広がり、自分の能力も上がっていきます。

だからこそ、私は経験に対して、おしみなくお金と時間を使うように心がけています。

コンフォートゾーンを抜け出そう！

私はコンフォートゾーンを必ず抜け出すべきだと考えています。常に新しい場に、少し自分が居心地の悪いところへ行くようにオススメしていますし、私もそれを実践しています。

たとえばいつも同じメンバーで、いつも同じようなことをしていれば居心地が良くて楽しくて安心していられます。しかし、それだといつまで経っても変わりません。

少し実力が上がってくると、たとえば年間の賃収1000万円を達成したら、同じ賃収1000万円の仲間といると、そこが居心地いいのですが、あえて次のステップ、賃収5000万円のグループに行くようにしましょう。

自分にとって、ちょっと「居心地が悪いところ」に行くのが成長する秘訣です。

私が賃収3000万円のときに、木下たかゆきさんのコミュニティに入ったら、その当時は5000万円、7000万円の人が大勢いました。

先輩方にどんどん話を聞いていって、自分のレベルが上がっていくと、今度はその人たちが賃収1億円にステップアップしていったのです。

そして、私が賃収1億円になると、遊ぶ相手が賃収2億円、3億円になってくるのです。

とはいえ私の主宰する会には、私を「先生」と慕ってくれる初心者もたくさんいます。そこはそこで私は居心地がいいですし、私にとっての学びもあるのですが、自分をさらに成長させるためには、もっと上の方々と付き合うべきだと考えて、未だにそういうところに行って学び続けています。

そうやって、自分より少しでも規模が大きい人、経験値が高い人とお付き合いすることを心がけると、勝手に成長していきます。

自己啓発の世界でよくいわれる「5人の平均が自分の年収」。これは本当に言えることなので、できるだけ上の人とお付き合いするようにしましょう。

子どもとの付き合い方

子どもに関しては忙しいときでも、どんなにお金がなくても、まとまった休みを取って、必ず旅行に行くようにしていました。

お金がないときはキャンプに行っていました。京都によく行くのですが、お金がなかったので、愛車のアルファードで行って宿も取らず車中泊していました。

今でこそ年間100泊以上ホテルに泊まっています。基本は国内で海外は年に3回、家族を連れてハワイに行きますが、当時はハワイ旅行どころか国内のホテルにすら泊まるお金がありませんでした。それこそ38歳くらいまで、5～6年前まではそんな感じでした。

どうしてお金もないのに旅行していたのかといえば、私の父親も不動産業で休みは火曜日と水曜日の平日。週末はどこにも連れて行ってもらえませんでした。

その代わり長期の休みには、家族で長くいられるよう、必ず旅行に連れて行ってくれました。今思い出しても、それは非常にいい経験で、私もお金がなくても「同じようなことを子どもたちにしてあげたい」と思ったからです。

車中泊は子どもも大好きです。今は成長して大きくなったためサイズ的に無理ですが、みんな楽しみにしていました。

夕食を済ませてシャワーを浴びてパジャマに着替えさせてから、毛布を一人1枚持って、夜の10時くらいに出ます。

神奈川から京都に行くときは、3時間半くらいで浜松あたりまで行くので、そこで車を停めて寝ます。

私はお酒を持ち込んで、子どもたちはご飯を食べ終わった後なので、お菓子を食べたりゲームをしたり。駐車場で車中泊して朝起きたら、まず車を走らせて3時間くらいで京都に着いて観光します。

私は京都に行ったら必ず伏見稲荷へお参りに行きます。とくに大きい商いをしたときは必ずお礼をします。それは父からの教えです。

他にもお墓参りを月に1回は行っています。これは先祖への感謝と、月一の報告です。我々のような不動産投資家は別に誰に報告することもないので、それをきちんとご先祖様に報告するのを心がけています。

職場の近くにお寺があるので、予定が合う限り子どもたちも必ず連れて行きます。また物件を購入したら子どもたちも必ず連れて行きます。

家族には私の不動産投資を共有しています。

「父ちゃんはこういう物件を買ったぞ！　なぜこれが買えたかというと融資がつくから」「この融資の返済は誰がしてくれるの？　入居者さんだよ。こういうビジネスをしていくべきだよ」

このように常々話しています。

これも親に教えられた言葉ですが、子どもにはパンを与えるのではなく、パンの作り方を教えなさい。これはユダヤの格言だと思うのですが、どうやって稼ぐかを伝えるように心がけています。

「君たちのお小遣いはすべて、家賃収益から出てるんだぞ」って。

とりとめのない話になってしまいましたが、お金があってもなくても家族との時間を大切にすること。お金の稼ぎ方を伝えること、この2点を心がけています。

おわりに

本書を最後までお読みいただきまして、誠にありがとうございます。私がみなさんにお伝えしたいのはノウハウだけではありません。

私が飛躍できたのは、尊敬する先輩投資家が率いる大家の会に入って、成功した人、失敗した人の話をたくさん聞いて、すべきことを着実に実践したからです。

第1章で前述したように私自身、大家の会に7～8つ入っていて、さまざまな人脈をつくり、いろんなことを学んできました。

私自身が運営するコミュニティでは、自分の実例もあり、どうやって規模を拡大すればいいか流れを伝え、初心者から中級者が中心に多くの仲間が不動産投資を実践しながら学んでいます。このように成功者から教わる、仲間を見つけて切磋琢磨するというのは非常に重要です。

もちろん、世の中には私の運営する「関東大家の交流会」だけでなく有益な会はたくさんあります。

できれば何かしらの会に入って、最適な投資手法を教えてもらえるメンターや、先輩投資家、また情報交換のできる仲間を見つけて、学びながら不動産投資を行ってください。繰り返しますが、それが成功への近道です。

一番やって欲しくないのは、高属性のエリートサラリーマンが戸建やワンルームマンションを買うこと。

よくあるのがお医者さんや弁護士といった方が、ワンルームマンションを一度に複数購入するケースです。節税という点ではいいのですが、規模拡大の点から言うと、これは悪手です。これは知識がないゆえの悲劇です。

また、初心者がいきなりＲＣ造の一棟物件など、大きな物件を買おうとするのも避けてください。物件を買い進めるのは順序がありますから、ここを間違えないようにしていただきたいです。

不動産投資は「小さく始めて大きく育てる」もの。この基本を忘れないでください。戸建投資は私にとって一推しの投資ですし、一棟RC造を購入することで規模拡大は加速しますが、それは「順序を守ってこそ!」です。この順序を間違えてしまうと、すごく回り道をしますので要注意です。

いずれにしても、自分一人だけでは知識や行動に限界があります。まずは本書をしっかりと読んでバランスのいい投資を目指してください。

最後に、私のいつもの挨拶でスタートした本書ですが、最後も同じ挨拶で〆させていただきます。

「みなさーん!!　バランスとれてますか?」

2024年6月吉日　神奈川県、横須賀の自宅にて

バランス大家

「関東大家の交流会」部会紹介

巻末では、私が主宰している「関東大家の交流会」、「ＢＯＳ」「ＢＯＢ」での部会活動について紹介します。現在、７つの部会に６人の部会長がいます。どんな方がリーダーでどんな活動をしているのかを知っていただき、興味をお持ちになった方は、「関東大家の交流会」、「ＢＯＳ」「ＢＯＢ」にご参加のうえ、一緒に部会活動を始めませんか？　なお、部会への参加は無料です。「関東大家の交流会」、「ＢＯＳ」「ＢＯＢ」についてはP198 ~ 199にご案内があります

1 駆け出し部会

部会長

マコ@民泊旅館業

43歳、現役会社員、4人家族。東京都心部在住、投資エリアも東京、現在は民泊・旅館業に力を入れている。今後の目標は宿泊業売上年間7,000万円、合わせて賃貸業も売上3,000万円を目標とする。

●部会長紹介

不動産投資を始めたきっかけは、2019年新築ワンルーム投資にひっかかったことです。総額4040万円で利回り4・0％程度です。当時、家族は心配そうにしてはいましたが「大丈夫大丈夫!!」で乗り切りました。

買ってから勉強して、すぐに「やべぇもん買っちゃったな」と気づきましたが、3年経過後にプラス100万円ぐらいで売り抜けることができました。最初から勉強してきちんと1棟物件を買っていれば遠回りしないで済んだと思っています。

バランス大家さんとは、別の不動産コ

ミュニティで初めてお会いしました。ギラギラ×10乗くらいしていた印象です。

関東大家の会には賃貸業の仲間が欲しかったので参加しました。ただ賃貸業に力を入れようと思ったタイミングでインバウンドが解禁になったため、民泊・旅館業を中心に事業を行っていますが、「自分からの情報を発信すること」で好循環が生まれることを学び、宿泊業の規模拡大ができたと思っています。また自分に近い属性の方や、遥か遠くにいる方までさまざまな方がいて面白いです。

宿泊業の利益が安定してきたので、並行して賃貸業も進め、3年以内に家賃収入3000万円を目指したいです。

●「駆け出し大家の会」紹介

活動の目的

① 駆け出しの初心者大家が正しい方向の不動産賃貸業に進めるようになること。
② 同じエリア、同じレベルの大家が集まり、相互に有益な情報を出し合いｗｉｎｗｉｎの関係性を築くこと。
③ 初心者の方が気兼ねなく質問や意見ができ，行動に移せるようになること。

部会の活動内容と頻度は、オンラインでの情報交換とたまにオフラインでの情報交換会（飲み会）。

こんな方に向いている会です。

② 自ら行動して、行動結果をシェア・アウトプットできる人

② 1都3県で不動産投資をしている(していきたい)人

③ 目安は0室~20室程度保有の大家

④ そんな後輩大家へ優しく厳しくアドバイスして下さる先輩大家

参加されている方は、比較的若い方が多く、20代から50代まで幅広いです。投資歴はまだ浅い方が多いようです。

私自身が部会立ち上げた後に、宿泊業に舵を切ってしまったので、あまりオフラインのイベントができていないことが反省点です。若いメンバーが運営に参加してくれたので、今後は一緒に盛り上げていきたいと思っています。

まだ一歩目を踏み出せていない方が失敗をせずに、きちんと踏み出せる。駆け出し大家の会のお陰で正しい方向に進めた! そんな人を一人でも多く増やせたらいいなと思います。

これから部会に参加する方へのアドバイスは、どんなことでもいいので、自分から発信しましょう。もちろん優良な情報はうれしいですが、それだけでなく行動した結果のアウトプットなどすれば、周りはうれしいですし、そういう人にはどんどん情報が集まると思います。

2 女性部会

部会長

あり

アラフォー。神奈川県在住。家族は夫・2人の子どもと猫一匹。本業は会社経営（音楽教室）。投資手法は築古戸建、レンスペ、民泊とそのときどきにやりたいことをやる雑食。

●部会長紹介

3年前から不動産投資を勉強し始めました。20代の時から更新の時期が来るたびに引っ越しをしていた私は、元々間取りを見るのが好きで、インテリアや建築も好きだったので、自宅もこだわって建てました。その時の経験から、自宅は何度も買えないけれど、不動産投資をすれば、リフォームやDIYが何度もできるのでやってみたいな！　と思ったのがはじめたきっかけです。

最初は不動産投資にまったく興味がなかった夫ですが、今は、私が物件探しや交渉、夫はシミュレーションや事業計画書の作成など役割を分担して二人三脚で行っています。

最初の投資に築古戸建を選んだのは、リスクを減らすためです。少額なので万が一何か起こっても大丈夫だと思ったからです。

初めて購入したのは2021年です。傾いていた戸建をジャッキアップして実質利回り20%で貸しています。バス圏ですが最初のファミリーがずっと住んでくださっており、先日更新をむかえました。戸建は長く住んでくれて強いと実感しています。最初に戸建にして良かったと思います。次もまた最初は同じように戸建をやると思います。

バランス大家さんとの出会いは、他の大家の会のオンラインイベントでした。とても陽キャで、画面越しにワインをおいしそうに飲んでいる姿が印象的でした。バランス大家さんが神奈川でドミナント投資されていること、そして神奈川でやられている大家さんとの人脈を作りたかったので、関東大家の交流会に参加しました。

参加して、たくさんの大家さんと知り合うことができて、いろいろな投資手法を勉強することができました。また、関東大家の交流会には複数の派生部会があるので、困ったときに相談できる場があるのもとても良いと思います。

会に入って融資開拓（地元の信金）ができました。また、女性部会の部会長をしているおかげで、少しだけですが名が知れ、ありがたいことにいつもいろいろな方に助けられています。今後は、1年に1棟のペースで、ドミナントで新築を建てていきたいです。

●「女性部会」紹介

女性部会は私自身が〝女性不動産投資家が安心できるオアシス〟があればいいなと思ったので作りました。不動産投資は人生をより良く生きるための手段だと思っています。みんなで高めあって不動産を購入して、自由な時間を手に入れて一度きりの人生をさらに楽しもう！　がモットーです。

2024年5月時点で49名が在籍。年齢も職業もさまざまな方が在籍しています。投資手法も不動産（新築・築古）・民泊・レンスペなど幅広いです。

日々のオープンチャットでのやりとりから、毎月月末の振り返り投稿、月に数回のZOOMなどの活動をしています。

過去には新築見学会・民泊勉強会・着物de初詣@鶴岡八幡宮・浴衣de雅叙園散策・アフタヌーンお茶会・スナック

あり（うちのレンスペで開催している不動産投資家が気軽に集まれる場）などを行いました。

女性だけの会なので、不動産以外にも美容のことやお得情報などもシェアしあっています。あるときは、メンバーさんが体調不良について書き込みをしたところ、多くの方が投稿してオープンチャットの板が盛り上がりました。そのときは表面的なつながりではなく、もっと深いところでメンバーがつながっていると感じ、とてもうれしく思いました。また、月1の振り返りも励みになっていると大好評です。

今後の目標は、これからも居心地の良い会を維持していくことです。女性部会をきっかけに横のつながりができて、みんながよりＨＡＰＰＹになれたらいいなと思っています。そのため、人数をむやみに増やすことを目的とはしていないので、今後は入会に制限がかかる可能性はあるかもしれません。

個人的な目標は、夫の属性を使って夫婦二人三脚でやっていく方法を、同じようにやりたい女性に教えていきたいです。

女性部会の参加条件は、関東大家の交流会に一度でも参加すること、もしくはＢＯＢやＢＯＳの会員、そして毎月月末の振り返り投稿と、持ち回りでの企画（ZOOMや対面）ができる方となります。これから始める方も大歓迎です！　私自身、規模が小さいのでご安心ください（笑）。持ち回りは不動産以外の内容でも構いません。難しく考えすぎなくて大丈夫です。素敵な出会いを楽しみにしております！

着物 de 初詣@鶴岡八幡宮の時の様子。女性ならではの楽しいイベントを開催しています

3 築古リノベ部会

部会長

FF

会社代表＋主婦。夫と中3の子どもと3人家族。都内東京在住で、投資エリアは都内、横須賀近辺。アパート5棟、戸建て3件、更地2件を所有、民泊（旅館業）6件を運営中で、賃収＋宿泊売上7,200万円。

●部会長紹介

賃貸併用住宅を新築したのがきっかけに不動産投資を開始、本格的に始めたのは２０１９年に法人を立ててからです。私が事業をするのに夫は最初から協力的ですが、なにかを手伝うことはほとんどありません（防草シートを敷くのは得意なので年に１回程度手伝ってもらっています）。でも口を出されないことが家庭円満の秘訣だとも思っています。

不動産賃貸業を仕事にするなら家の構造や直し方をしっておく必要があると思い、職業訓練校にいってリフォームを学んでおり、その知識を自分でも実践したかったので、主に築古再生を手掛けています。

再生の1棟目は、2019年に購入した横須賀市の2棟一括の築古アパート、1800万円、満室利回り30％。

リフォームは楽しく高い家賃で入居が決まり、購入時の想定利回りより良い結果が出て大きな手応えを感じました、金銭面での手残りもかなりあり次のステップに進みやすくなりました。

バランス大家さんを知ったきっかけは融資部長のｒｙｏさんです。「横須賀で賃貸するならセミナーに行ったほうがいい」と教えてもらい、2022年8月のセミナーに行ったのが最初です。

バランスさんはその時のセミナーで、所有物件一覧や売上など各種の個人情報を公開してくれており、なんて太っ腹な人なんだろうと思いました。その印象は今も変わっていないです。

会に入ったのは、バランス大家さんの陽のエネルギー。そばにいるとパワーがもらえるので定期的に会ってパワーを吸い取りたいと思っています（笑）。

また、ただのキラキラ系大家さんではなく、どんな人にも丁寧にきちんと対応する姿勢に品格が漂っているので尊敬しています。バランス大家さんの交流範囲は広く、いろいろな方に会える機会があり、本当に驚くぐらい気さくに紹介してくれてありがたいです。

バランスさんの教えで、月の売上をあげることに貪欲になり、メンタル上昇で、実際に売上もかなり上がりました。今後は売上1億円（家賃5000万円、宿泊5000万円）を目指すと同時に、劇場とカフェとスパと自宅が入ったビルを持つことも目標にしています。

●「築古リノベ部会」紹介

築古物件の修繕の方法や業者見積などをシェアして築古物件を所有する人たち同士で良い情報を共有しています。週に1回指名された人は自分の現在取り組んでいる（または過去に取り組んだ）築古物件に関する活動内容をシェアするルールです（指名される頻度は10ヶ月に一度程度です）。

築古物件を所有している方で、他の人の修繕の方法などを知りたいと思っている方に向いています。実際には、戸建または木造アパートの築古物件を所有しており、自分で直している方の投稿頻度が高いです。DIYの方の安価な方法を学んで、業者さんなどに指示を出す規模の大きな大家さんも参加しています

2023年、築古部会のDIYイベン

トを横須賀のバランス大家さんの所有物件で行いました。バランス大家さんのお抱え職人さんによる、丁寧なクロス貼り施工と床材施工の工程などを実践で教えてもらい、多くの人にとってためになるイベントだったと思います。

おまけに、めったに見ることができないバランスさんのＤＩＹ姿もみることができました！

また、毎週みなさんが投稿してくれている築古施工の記録をＰＤＦ版にした「築古部会の投稿記録」を２０２３年度分をまとめて出しました。２０２４年も第２弾を出して、みなさんの日々の成果が記録に残るようにしていきたいです。

築古部会はＤＩＹをする人のためのものと思っている方がいたら、そんなことはありません。

築浅でも新築でも、建物の修繕は原価＋施工費の積み上げであり、それらの適正価格を把握している必要は賃貸業をしていれば必ずあるはずです。

ただし適正価格への追求は大切ですが、常に職人さんへのリスペクトも同時に必要かと思います。

初期段階の時ほど、「これはホームセンターで○○円で売ってるから、この見積りは高すぎる」と考えがちですが（私もかつてそうでした）、実際に自分でホームセンターで部材を買って施工しようとしたら、簡単そうに見えても簡単でない作業はたくさんあります。必要な工具もたくさんあります。

職人さんが30分で終わる作業が、私たちがやると半日かかるといったこともあります。

また、職人さん側にとっても、自分の仕事を不当に安く見積る人とは長く一緒に仕事をしたくないと考えると思います。

ですから、目先の利益にとらわれず先々の関係性も考慮しながら、日々適正価格を考えることが大切だと思っています。

3棟目ぐらいまでは日当をお支払いして何人かに手伝ってもらいながら表層リフォームをしていました。いい思い出です

4 資金調達部会

部会長

江ノ島大家

40代、現役会社員、神奈川県在住。関東を中心に全国で不動産賃貸業を営んでいる。

11棟110室所有、家賃年収7,500万円。2030年までに賃料収入3.5億円を目指す。

●部会長紹介

２０１８年10月、家族との時間と経済的自由を得たかったため不動産投資を始めました。購入したのは９２００万円の新築木造アパートで利回りは７・２％です。欲をいえば、もっと利回りがほしいところですが、ずっと満室かつ手間がかからない物件のため、１棟目としてはよかったかな、と。もし今、買うにも同様の物件を購入すると思います。

なかなか家族の賛同や協力を得られない方も多いですが、私の妻の場合、当初はもちろん心配していたものの、物件の管理運営を手伝ってもらうなかで、共同経営者になっております。物件の運営・管理も積極的に行っておりますが、子どもも一緒に家族みんなで現地に行くことも多いので、家族旅行的に楽しみながら不動産運営を行っております。

これまでの投資手法は、中古・新築アパート×融資です。弱小サラリーマンでもレベレッジがかけやすい投資法だったため、この方法を選びました。

バランスさんとの出会いは、全国大家の交流会でご挨拶させていただいたのがきっかけでした。湘南というエリアがドンピシャだったのと、大家の人脈を広げたかったため参加しました。おかげさまで地元信金さんとお付き合いが広がり、希望していた地元での拡大ができそうで、とても満足しています。

●「資金調達部会」紹介

資金調達に困っている方に向けた部会です。BOS/BOB会員、関東大家の交流会にて直接入会できます。部会に所属するメンバー一人ひとりが資金調達方法にくわしくなり、資金調達ができて、規模拡大を進めることができることを目的としています。

部会の活動は3ヶ月に1度程度で、〝日

本一資金調達方法にくわしい集まり〟になることを目指します。始動しはじめたばかりですので、資金調達に困っていて、かつ情報のギブアンドテイクの精神がある方は、ぜひご参加ください。

2018年に初購入した9200万円の新築アパート（名古屋市南区）

5 融資部会

部会長

ryo

アラフォーの現役会社員。投資先も住まいも神奈川県。中古戸建12戸、新築木造アパート1棟15室、物置5室を所有。家賃年収2,700万円。

●部会長紹介

２０１４年から勉強を開始して、２０１６年に1棟目の物件であるＲＣ１棟マンションを３５００万円で購入しました。今思えば失敗です。融資を重視して長期的展望を考えて自分のエリアを決め、そのエリア内の物件を買うべきでした。

不動産投資は家族の理解があり、最初から好きにやらせていただいています。バランス大家さんを知ったきっかけはＸ（旧ツイッター）で、初めはキラキラした大家さんという印象でした。

同じ神奈川中心にたくさん不動産を買われていたこと。神奈川を中心とした大家会が他にあまりなく、待ち望んでいた大家会でした。

バランス大家さんの実力がすごく、参加者のことを考え工夫されて運営されています。バランス大家さんの元で学び、自分が進めている投資手法で規模拡大は遅いが有効であると再認識できました。2025年までに家賃収入4000万円を目指してがんばっていきたいです。

●「融資部会」紹介

融資獲得のために融資情報を共有するための部会です。各自の融資事例をLINEグループで共有、そのほか、エリアごとの小グループ活動や不定期での勉強会をしています。

融資に興味のある方で、ご自身の融資事例を投稿いただける方であれば、どなたでもご参会いただけます。現在は、投資歴・年齢層ともに幅広い方が参加されています。

メンバーに実施したアンケートにて、他の方の融資事例をもっと知りたいとの声が多かったので、今後は参加メンバーが融資事例を発表するイベントを開催予定です。過去のイベントでいえば、元銀行員を講師に招いた融資勉強会を開催して盛況でした。

これから部会に参加される方へは、ご自身の融資事例をどんどん投稿されることをオススメします。投稿すると他の方に覚えてもらえて、実際にお会いした際にアドバイスをもらえることも増えると思います。

バランス大家さんの太客紹介会を通じて知り合った金融機関からオーバーローンを受けて購入した戸建の外観

6 新築部会、エリートサラリーマンクラブ

部会長

しょーた

30代の現役サラリーマン。妻1人子ども2人の4人家族。静岡県在住で投資エリアは静岡県および神奈川県。新築木造アパートを3棟22室所有、家賃年収1,600万円。

●部会長紹介

２０２２年1月、コロナでサラリーマンの仕事が暇になって、会社がつぶれるんじゃないかと、危機感を抱いて不動産投資に興味を持ちました。サラリーマンの属性で買いやすかったこともあり、建売の新築アパートを購入するところから始めました。

家族は協力的で、ＶｏｉｃｙやＹｏｕｔｕｂｅでマネーリテラシーを上げるような番組を視聴し、投資に理解があります。２０２３年には妻が宅地建物取引士を取得しました。

1棟目は2022年1月に5000万円台後半の新築木造アパートを利回り9.7%で購入しました。

バランス大家さんを知ったきっかけは、林奏人さんのレンスペ懇親会で偶然同席。次の週に関東大家の交流会の「第1回ゴルフコンペ」をやるとのことだったので参加し、いきなりゴルフ場で信金紹介をお願いし、快く受けていただき2棟目購入に至りました。お世話になりすぎているため会に入りました。

会に入ってみての感想は、大家仲間、投資家仲間が爆増しました。そして、さらに積極的に買い増すべく行動量が増えました。

今後の目標は2024年中にサラリーマンを卒業。そのために家賃年収5000万円を目指しています。

●「新築部会」紹介

新築部会は、新築アパート、新築マンションを建てている人、建てたい人が情報共有を積極的に行っています。新築アパート、新築マンションを建てている人、建てたい人であればだれでも歓迎します！

不定期であるものの、新築アパート・マンションの見学会やセミナーを開催しており、20代から60代まで、初心者から上級者までが参加されています。

最近では、新築RCマンションの企画・建築会社のUBMが倒産した際、会員の人がUBMで実際に建てており、その体験談をセミナー形式にして共有してくれました。新築最大のリスクをみんなでリアルタイムに共有することができました。

今後も勉強会や見学会などを1年に3、4回は行っていきたいです。情報を自分から発信すると、逆に一番自分に情報が集まってくるので積極的に発信することをオススメします。

私が１棟目に取得した新築アパートの写真です

●「エリートサラリーマンクラブ」紹介

高年収の現役サラリーマンが手法を共有し、情報交換をする部会です。参加条件は、ご自身が年収（税込み）1000万円以上の現役サラリーマン。年齢層は30代から50代まで。初心者から上級者までいますが、初心者に優しい会にしたいと思っています。

不定期であるものの、懇親会をしています。その際に「属性が同じような人と話すと自分のロードマップがわかりやすい」というお話をたくさんの人にしてもらい、会を作った甲斐があったと思えました。

また5～6人の小さなグループを作って、10日に一度の活動報告をするような取組も有志で始めました。今後、よりそれぞれの顔がわかるような親しみやすい会にしていきたいです。顔を覚えるのが苦手ですが、なんとか全員覚えられるように頑張ります。

豪華五大特典付き!!

LINEオープンチャットの
ご案内

1 バランス大家サロン
入会金無料33,000円

2 本の元となるセミナー動画
3時間分プレゼント

3 BOS向けzoomミニセミナー
3本プレゼント

「とるべき戦略とってはいけない戦略」

「知ってもつかっちゃダメ! 不動産投資裏技大枝林10選」

「教えてバランスさん、なぜ法人作った方がいいの?」

4 バランス大家1.5億の**ポートフォリオ**
エクセルシートプレゼント

5 **購入者向けzoom質問会　開催**

⬅特典のお申し込みは
「出版特典受け取り専用
LINEオープンチャット」から!

❷2週に一度のzoomミニセミナー&懇親会
❸個別zoomミーティング30分(3ヶ月1回)
❹物件相談(グループ投稿は何件でも。個別相談は月2件)
❺メイン交流会セミナー費用10%OFF
❻動画販売10%OFF
❼各種部会参加可能(女性部会を除く)
❽各種資料提供
❾各種イベント優先募集
❿メッセンジャーグループにて、各大家の会から仕入れた情報、学んだ内容、資料などをシェア(シェアOKな物に限る)
⓫バランス大家の査定依頼物件などの情報公開、買わない案件提供
⓬売却物件レインズ放置作戦(仲介料2%税込、最低金額20万)(仮)
⓭購入仲介料2%(税込)

BOB(バランス大家ビジネス)

サービスはBOSと同じですが、動画や面談の頻度が増えます。人気イベントの優先募集をしています。

【BOB参加特典】

❶BOS全サービス利用可能
❷zoom面談2ヶ月に1回30分
❸BOSメッセンジャーグループとBOBメッセンジャーグループ参加
❹メイン交流会セミナー費用50%OFF
❺メインセミナー動画無料視聴
❻個別物件相談何件でも可能
❼BOB専用のイベント(検討中)

もっと詳しく知りたい方はこちら!

関東大家の交流会

BOS・BOB

関東大家の交流会

日本全国にある大家の会に入っていろいろと感じたのが、金額が高い、敷居が高い、昔からの仲間しか入れない、関東に少ないということ。このジレンマを解決するために関東の大家さんが誰でも交流できるコミュニティ、誰でも参加できる大家の会を発足させました。

オンラインコミュニティとして匿名で参加できるLINEオープンチャットを採用。誰でも質問や情報交換がしやすい場を2022年3月14日からスタート。現在会員数は2,200名、オンライン上で質問や不動産にかかわる情報交換を一方的ではなく、会員のみなさんで行っています。

毎月一回、さまざまなテーマで勉強会、セミナー、現地見学会を開催。勉強会の参加者やBOS（バランス大家サロン）に加入した方限定の部会システムを採用。2024年6月現在、部会は「駆け出し部会」「新築部会」「女性部会」「築古リノベ部会」「融資部会」「エリートサラリーマン倶楽部」「自己資金調達部会」の7つ。部会長・副部会長が運営しており、すべて無料で利用できます。

BOS（バランス大家サロン）

個別質問に対して具体的にアドバイスするため発足した月額制のオンラインサロンで、現在180人が参加されています。物件相談、融資相談、業者選定のアドバイス、規模拡大方向性の相談、重要事項説明書と売買契約書のチェックなどを行っています。物件購入相談では最低3つのリスクを出してもらい、そのリカバリー方法を考えます。リスクに気づいていない人には、リスクを伝えて購入可否の判断のサポートをしています。

【BOS参加特典】

❶4万円分の動画特典、過去のzoom動画ミニセミナーも見放題

●著者紹介
バランス大家（春木 尊裕）

1979年生まれ、神奈川県横浜市出身。父は横浜で多店舗展開している実需不動産の会社を創業で5人兄弟の次男。英才教育として小さな頃から「お前は不動産屋さんになりなさい。ただし、会社はお兄ちゃんが継ぐからお前は独立しなさい」と教育という名の洗脳を受け、小学校1年生にして、将来の夢は「ふどうさんやになりたい」と無事に洗脳完了。親の会社に新卒で入社し、賃貸営業、住宅売買仲介業務に従事する。賃貸管理の部署の責任者となるが、30歳で独立。その後は様々な事業に手を出すも3年で撤退。2018年、結論として「人ではなく、物で稼ごう」と賃貸業へとシフト。現在ではオーバーローン、利回り20％以上の戸建て30戸保有をメインに、築古・新築アパート、中古RCマンション、コインパーキング、トランクルーム、テナント等、合計55棟190室、賃貸売上1億5,000万円。神奈川県の横浜と横須賀のみをメインとしドミナントで運営中。LINEオープンチャットにて『関東大家の交流会』（2024年6月現在・会員2200名）を主宰。

x
関東大家の交流会
主催@バランス大家

YouTube
関東大家の交流会と
バランス大家ちゃんねる

Facebook

Instagram

TikTok

編集協力　布施ゆき

戸建から始める家賃収入１億への道
小さく始めて大きく育てる！

2024 年 7 月 11 日　初版発行
2024 年 8 月 26 日　初版第 2 刷発行

著　者　バランス大家
発行人　今井　修
印　刷　モリモト印刷株式会社
発行所　プラチナ出版株式会社
〒 104-0031　東京都中央区京橋 3 丁目 9-7
京橋鈴木ビル 7 F
ＴＥＬ　03-3561-0200　ＦＡＸ　03-6264-4644
https://www.platinum-pub.co.jp/

ＩＳＢＮ 978-4-909357-96-0